Genusstouren und Ausflüge rund ums Jahr

Neusiedler See - Leithagebirge

Elisabeth Grünmann
Marcus Koenig

Danksagung

Ohne die Unterstützung durch die Mitarbeiter und Bürgermeister der Gemeinden der Region, die Kooperationsbereitschaft der Gastronomen, Winzer und Shopbetreiber sowie die Unterstützung des Tourismusverbands Burgenland unter der Führung von Herrn Baier wäre das Entstehen dieses Ausflugsführers nicht möglich gewesen.
Bei allen, die uns mit Bildmaterial und ihrer Auskunftsfreudigkeit zur Seite standen möchten wir uns an dieser Stelle daher herzlich bedanken.
Ganz besonderer Dank gilt vor allem aber unseren Eltern/Schwiegerelten, Hermann und Rosi König, für unermüdliches Babysitten, da ohne diese Hilfe, das Buch nicht entstanden wäre.

Elisabeth Grünmann
Studierte Wirtschaft und arbeitet derzeit im Projektmanagement. Durch ihre Leidenschaft für Essen, Trinken und Reisen begann sie an dem vorliegendem Reiseführer zu arbeiten.

Marcus Koenig
Geboren 1973, ist Autor von aktionreichen Abenteuer- und Verschwörungsthrillern. Die private Reiselust spiegelt sich in den internationalen und gerne exotischen Schauplätzen seiner Romane wieder.
www.marcuskoenig.net

Inhalt

Vorwort ....S. 4
Wichtige Informationen...S. 9
Tour 1 .. Frühlingserwachen in der Wüste....................... S. 14
Tour 2 .. Kirschblüte erradeln .... S. 22
Tour 3 .. Birdwatching im Seewinkel .... S. 44
Tour 4 .. Burg Forchtenstein .... S. 58
Tour 5 .. Mit dem Rad zum Surfweltcup........................ S. 65
Tour 6 .. In die Joiser Inselwelt .... S. 78
Tour 7 .. Radtour über die Grenze .... S. 88
Tour 8 .. Aussichtsreiche Wanderung .... S. 101
Tour 9 .. Über den Kirchberg................................... S. 106
Tour 10 . Afrika-Feeling am Neusiedler See .... S. 114
Tour 11 . Genußeinkauf am Ganslstrich .... S. 117
Tour 12 . Über das Ruster Hügelland .... S. 132
Tour 13 . EineKulturrunde...................................... S. 151
Tour 14 . Wandern im Leithagebirge........................... S. 162
Tour 15 . Sightseeing und Kultur in Eisenstadt .... S. 170
Tour 16 . Kulinarischen Gehemeimtipps S.179
Tour 17 . Geschichte und Kultur .... S. 190
Tour 18 . Leithagebirge im Winter .... S. 196
Tour 19 . Krafttanken in der Lodge............................. S. 199
Tour 20 . Shoppen und Stärken.................................. S. 201
Tour 21 . Advent am See und im Leithagebirge .... S. 203
Tour 22 . Eislaufen am größten Natureislaufplatz .... S. 206
Service, Informationen und Übersichten...................... S. 209

Vorwort zum aktiven Genuß zu jeder Jahreszeit

„Die Region Neusiedler See — Unendliche Weiten", ließe sich in Abwandlung einer bekannten Science-Fiction — Serien Eröffnung, dieser Führer beginnen. Diese Weiten sind auch ein wesentliches Unterscheidungsmerkmal zu Rest-Österreich…., wobei fast alles hier ist anders, als im Rest des Landes der Berge und Ströme: Beides fehlt hier nämlich gänzlich.

Das Klima ist pannonisch-kontinental und damit zu jeder Jahreszeit niederschlagsarm und sonnig (womit das Burgenland auch die meisten Sonnenstunden Österreichs zählt), im Sommer heiß, im Winter kalt. Die Landschaft ist vom größten Steppensee Mitteleuropas (gleichzeitig auch der mit Abstand größte aller österreichischen Seen) und geradezu savannenartig anmutenden Landstrichen geprägt.

Auch die Küche ist hier oftmals anders als im Rest Österreichs und in jedem Fall von einer seltenen Vielfalt geprägt, die sich aus dem einzigartigen Reichtum von Grundprodukten ergibt.

Kaum eine Region kann auf soviele hochwertige Genußprodukte auf so kleinem Raum zurückgreifen, die über alle vier Jahreszeiten neue kulinarische Möglichkeiten eröffnen.

Der Bärlauch sprießt in den Wäldern des Leithagebirges oft schon im Februar üppig und schon bald folgt der köstliche Illmitzer Spargel. Die Leithaberger Kirsche, die Kittseer Marille und die Wiesener Ananaserdbeere schließen sich mit fruchtiger Süße an. Frische Neusiedler See Fische, Schmackhaftes vom Steppenrind und Mangalitzaschwein werden abgerundet durch bestes Seewinkler Gemüse in Form von Paradeisern, Chillis, Paprika, Zuchini, Knoblauch, Gurken… Dazu kommen Kräuter, Pilze und Wild aus dem Leithagebirge, Kraut und Zwiebeln aus der Gegend von Seibersdorf, sonnenhungriges Obst wie der Weingartenpfirsich, gar Gewürze wie der pannonische Safran und natürlich alles rund um den Wein, inklusiver weitweit einzigartiger Spezialitäten wie der Eiswein oder der Ruster Ausbruch.

Durch die vier Jahreszeiten hindurch lässt sich all dies auch noch sehr aktiv genießen und erfahren.

Der See bietet aufgrund der angenehm warmen Temperaturen des Wassers im Sommer nicht nur optimales Schwimmvergnügen, sondern zählt zu den besten Surf-, Kite- und Segelrevieren Binneneuropas und bietet im Winter auch noch die größte Natureisfläche Mitteleuropas.

Die flache Landschaft mit allenfalls sanften Hügeln ist optimal zum Radfahren, das Leithagebirge und die Rosalia, die den See im Norden und Westen einschließen sind prädestiniert für schöne Wanderungen.

Die artenreiche Fauna eignet sich bestens für Naturbeobachtungen und die trockenen, warmen Sommer sind die Grundlage für die Vielzahl großer Open Air Kulturspektakel vor ganz besonderer Kulisse wie die Opernfestspiele im Römersteinbruch oder die Seefestspiele in Mörbisch.

All dies hat die Region sich zu einer Ganzjahresdestination entwickeln lassen, die für den aktiven Genießer von Sport, Kultur, Natur und Kulinarik in jeder der vier Jahreszeiten einzigartiges zu bieten hat.

Genau aus diesen Gründen haben wir auch die Region Neusiedler See – Leithagebirge für den ersten Band unserer Vier-Jahreszeiten-Führer für den aktiven Genießer gewählt und hoffen mit den dargestellten Ausflügen, Rad- und Wandertouren und den vielen - vor allem – kulinarischen Tipps die Grundlage für wunderbare, aktive und genießerische Tage in der Region bieten zu können.

Elisabeth Grünmann
Marcus Koenig

Willkommen im Land der Sonne

Der Neusiedler See ist das Herzstück nicht nur des Nordburgenlands, sondern zugleich auch jenes des grenzüberschreitenden Nationalparks Neusiedler See-Seewinkel und der UNESCO-Welterberegion. Der Neusiedler See spiegelt die Jahreszeiten, dominiert seit jeher die reiche Naturvielfalt des Landstrichs und bestimmt das Leben der Menschen von seinen Ufern bis an die Hänge des Leithagebirges.

Tagtäglich spricht der See aufs neue eine Einladung aus – zu vielfältigen Entdeckungen, großen Erlebnissen und kleinen „Wundern", die Sie bei Ihren Ausflügen und Wanderungen am Wegrand entdecken:

Da warten eindrucksvolle Ausblicke entlang der Radrouten, locken ursprüngliche Wein- und Kulinarikerlebnisse, wohltuende Thermenangebote laden ebenso ein wie außergewöhnliche Museumsabenteuer, die Bühnen des Landes begeistern mit herausragenden Musikevents, und die Strände sorgen für Bade- und Sportabenteuer zu jeder Jahreszeit.

Zu all dem bieten Ihnen die pannonischen Gastgeber komfortable Unterkünfte in allen Kategorien und für alle Bedürfnisse. Folgen Sie der Einladung des Neusiedler Sees …

Willkommen im Land der Sonne

Ihr
Mario Baier
Direktor Burgenland Tourismus

Wichtige Informationen

1. Fährverbindungen:

Es gibt 4 Schiffahrtslinien (Schiffahrt Gangl; Schiffahrt Holiday Lines; Schiffahrt Knoll; Schiffahrt Weiss- Sommer) am Neusiedler See, die folgende Routen für Fahrradfahrer und Fußgänger anbieten.
- Illmitz- Mörbisch
- Podersdorf - Breitenbrunn
- Breitenbrunn - Neusiedl am See
- Podersdorf - Rust
- Mörbisch - Fertörakos
- Illmitz - Fertörakos
- Illmitz- Rust
- Rust - Fertörakos

Die Schiffe fahren von Anfang April bis Mitte Oktober über den See. Der genaue Fahrplan ist in den Häfen oder auf der Seite www.neusiedlersee.com zu finden.

Achtung: manche Orte werden nur 2x täglich angefahren, wenn Sie die Fähre benutzen möchten, erkundigen Sie sich unbedingt vor der Fahrt!

2. Gelsen

Man sollte kaum glauben, dass so ein kleines unscheinbares Insekt derart großen Einfluss hat. Die gemeine Gelse (und gemein ist sie!) fühlt sich leider am Neusiedler See genauso wohl, wie die vielen Touristen, die dieses schöne Gebiet besuchen. 40 verschiedene Arten von Gelsen gibt es in Österreich.

Die Männchen sind harmlos, ernähren sie sich doch von Pflanzensaft. Grausam sind die Weibchen, die sich vom Blut von Menschen, Säugetieren und Vögeln ernähren.

Obwohl Wirtshaus-, Restaurant-, und Heurigenbesitzer alles versuchen um die Tiere zu vertreiben, gelingt dies meist nur sehr eingeschränkt.

Nicht jeder Sommer ist gleich, auch nicht jeder Abend. Abhängig von Temperatur, Luftdruck, Niederschlagsmenge der letzten Wochen und Windverhältnissen kann man den lauen Abend im Lokal mehr oder weniger genießen.

Das Gute daran: Gelsen sind sehr pünktlich. Täglich kommen sie kurz nach Sonnenuntergang und verschwinden etwa 2h später wieder. Ein bisschen Planung – und man kann die Gelsenplage umgehen.
Im Sommer sollte man auch bei Wanderungen im Wald bedenken, dass dort im Schatten die Gelsen lauern. Solange man nicht stehen bleibt, sind sie eigentlich kein Problem, da sie nur mit einer Geschwindigkeit von 1,5-2,5 km/h fliegen können.
Dennoch ist es vorteilhaft wenn man beim Wandern im Hochsommer lange Hosen und ein langärmliches Hemd trägt.
Rasten sollte man aber in der Sonne einplanen!

3. Der Wein

Der Weinbau hat im Burgenland eine lange Tradition. Schon vor den Römern haben die Kelten Weintrauben nicht nur gegessen, sondern auch zu Wein vergoren. Das Nord-Burgenland rund um den See ist durch den Einfluss des pannonischen Klimas für den Weinbau prädestiniert. 2000 Stunden Sonnenschein pro Jahr, eine Jahresdurchschnittstemperatur von 10 Grad C und optimale jährliche Niederschlagsmengen machen hohe Qualität in der Weinerzeugung möglich. Die in diesem Buch beschriebene Region ist in 2 Weinbaugebiete aufgeteilt.

3.1. Neusiedler See Hügelland
Anbaufläche: 5349 Hektar
Die Weinregion Neusiedler See Hügelland zieht sich von Breitenbrunn, Purbach, Donnerskirchen über Schützen nach Eisenstadt und weiter nach Süden bis Mattersburg und Zagersdorf. Auch große Weinorte wie Rust sind Teil der Region.
Durch die verschiedenen Lagen und unterschiedlichen Bodenbeschaffenheiten gibt es hier für fast jede Weinsorte einen guten Ort zu wachsen. Hauptsorten der Region sind Welschriesling, Weißburgunder, Neuburger, Zweigelt und Blaufränkisch, in Rust sollte man auch die Sorte Furmint erwähnen.

3.2. Leithaberg DAC
Die Weinbauern entlang des Leithagebirges haben für den Leithaberg DAC einen gemeinsamen Stil entwickelt. Durch den spezifischen Un-

tergrund im Leithagebirge sind die Weine besonders mineralisch und würzig, da sie auf Kalk und Schiefer wachsen.

Es gibt sowohl rote als auch weiße Leithaberg DAC Weine. Die Sorten bei den Weissweinen sind Chardonnay, Pinot Blanc, Grüner Veltliner und Neuburgen bei den Rotweinsorten der Blaufränkische.

Die Weissweine kommen meist als Cuvee zu ihrem geschmacklichen Höhepunkt.

Eine Liste der Weingüter die diese Weine erzeugen findet man unter www.leithaberg.at.

3.3. Neusiedler See
Anbaufläche: 8332 Hektar
Die Region besteht im Großen und Ganzen aus 3 Teilen. Dem Seewinkel im Süden, wo es sehr flach ist und wo die Weinflächen kilometerlang kaum von anderen Kulturen unterbrochen werden. Hier im Süden zwischen den Lacken begünstigt die hohe Luftfeuchtigkeit durch Nebeleinfälle im Herbst die Bildung der Begehrten Edelfäule (Botrytis). Somit werden hier Süßweine von höchster Qualität erzeugt. Das Zentrum der Süßwein Erzeugung in dieser Weinbauregion liegt rund um Illmitz- Apetlon und Podersdorf.

Im Norden bei Winden und Jois liegen Weingärten direkt an den Hängen des Leithagebirges, die-se kalkreichen Weingärten ermöglichen die Erzeugung ausgezeichneter Weine.

An einem Höhenzug zwischen Neusiedl am See, Gols und Mönchhof liegt der Wagram der Parndorfer Platte. Die fruchtbetonten Rotweine und leichten Weißweine dieser hügligen Gegend gehören zu den besten Weinen Österreichs.

In dieser Region ist also so gut wie alles möglich. Die Hauptsorte bei den Rotweinen stellt hier der Zweigelt dar, es werden aber auch Blaufränkisch, St Laurent und Blauburgunder angebaut.

Beim Weißwein ist die führende Sorte der Welschriesling.

Frühling

Frühlingserwachen in der Wüste

Hof am Leithaberge – Wüste – Ruine Scharfeneck – Kaisereiche

Die Tour in Kürze

Jahreszeit:	Im Frühling, wenn Schneeglöckchen blühen und der Bärlauch wächst.
Tour:	Wanderung
Streckenlänge:	2,5 h
Highlights:	Naturpark Wüste mit Resten des Klosters St. Anna – Burgruine Scharfeneck – Kaiser-Franz-Josef-Aussichtswarte mit Ausblick auf Neusiedler See, bis Wien und zum Schneeberg
Kulinarik:	Bärlauch zum Selbersammeln; Bauernladen in den Gemäuern des früheren Klosters; Genusswirt Wia z'Haus Kraus

Das Leithagebirge ist ein Hügelgebiet, das mit Laubwald bewachsen ist und immer in den verschiedensten Farben erstrahlt. Im Frühling ist der Wald hellgrün mit vielen weißen Flecken von blühenden wilden Obstbäumen. Im Sommer hat er ein sattes dunkles Grün, und im Herbst strahlen die Blätter in den schönsten Rot- und Brauntönen in der Sonne.

Hier zu wandern, ist ein Vergnügen, auch wenn es nicht immer ganz leicht ist, sich zu orientieren. Jedes Jahr werden Wege für die Waldbewirtschaftung neu angelegt, dafür wachsen andere wieder zu, weil sie nicht mehr gebraucht werden.

Die empfohlene Wanderung ist jedoch gut beschildert und einfach! Die Tour führt zu einem alten Kloster mit Bauernhof, der Ruine einer Burg und einer Aussichtswarte.

Diese Tour empfiehlt sich besonders im März oder Anfang April. Auf der ganzen Strecke ist der Boden dann entweder mit blühenden Schneeglöckchen oder mit Bärlauch bedeckt. Der ganze Wald riecht dann frisch und würzig.

Bärlauch sollte man aber nur pflücken, wenn man sich sicher ist, dass man ihn erkennen kann. Ab Mitte April sollte man in dieser Gegend den Bärlauch gar nicht mehr pflücken, weil es hier auch sehr viele Maiglöckchen gibt, die an denselben Stellen wachsen. Eine Verwechslung kann tödlich enden. Dem Tipp mancher Einheimischer „Bärlauch nur entlang eines Baches pflücken, denn am Bach wachsen keine Maiglöckchen", sollte man denn doch vielleicht nur sehr eingeschränkt sein Leben anvertrauen!

Bärlauch

Die Wanderung

Die Tour startet und endet in Hof am Leithaberge. Am besten parkt man direkt beim Wia z'Haus Kraus, wo man am Ende der Tour auch gut essen kann.

Direkt links neben dem Gasthaus gehen wir die Brunnengasse hinauf an der Volksschule und dem Kindergarten (dahinter sehen wir die Zinnen und Türme der Burg Turmhof) vorbei und halten uns links und gehen durch die Limberggasse in den Türkenbergweg. Wir sind richtig, wenn wir am Friedhof vorbeigehen. Danach wandern wir durch eine ganz neue Siedlung bis zum Anfang des Waldes wo wir uns links halten und den Weg nehmen, der mit Schranken abgesperrt ist.

Bei der nächsten Kreuzung nehmen wir wieder den linken Weg und gehen dann geradeaus durch bis zum Kloster St Anna.

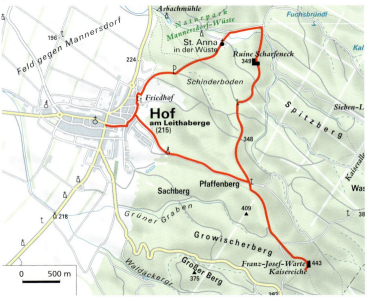

Kloster St. Anna

Dem Kloster war kein großes Glück gegönnt. Es wurde 1644 gegründet und bei der zweiten Türkenbelagerung Wiens 1683 wieder vollständig zerstört. Unter Maria Theresia wurde es zwar wieder aufgebaut und die unbeschuhten Karmeliterinnen konnten einige Jahrzehnte die kleine Landwirtschaft mit den Fischteichen und Obstgärten bewirtschaften, doch 1783 fiel das Kloster den Klosteraufhebungen Josefs II zum Opfer.
Vom Kloster ist außer ein paar alten Steingemäuern nicht mehr viel übrig. Doch einige ehrenamtliche Helfer haben die Kirche und die dazugehörige Mauer wieder langsam wieder aufgebaut, und ein Bauer bewirtschaftet den dazugehörigen Hof.
Rund um das Kloster sind schöne Wiesen mit alten Obstbäumen, zwischen denen oft Ziegen und Schweine grasen. In einem kleinen Bauernladen kann man Fleisch, Speck und Würste (von den oft frei weidenden Hängebauchschweinen und den vielen Wildschweinen des Naturparks oder den eigenen Hochlandrindern), Marmeladen und andere Kleinigkeiten kaufen und ein paar Bänke laden zum Rasten ein. Vor dem Eingang zur Kirche gibt es einen kleinen, sehr netten Kinderspielplatz. In der alten Kirche finden immer wieder Ausstellungen lokaler Künstler statt.

Vom Kloster gehen wir einen kleinen Pfad weiter am Bach entlang (hinter dem Kloster links bei der Wiese), bis wir zu einer kleinen Holzbrücke kommen und dem Schild nach rechts Richtung Ruine Scharfeneck folgen.

Schon um das Jahr 1000 nach Chr wurde diese Burg gebaut und bis 1555 benutzt. Noch immer sind die beeindruckenden Mauern und ein großer (verfallener) Turm der Burg zu besichtigen und auf eigene Gefahr zu besteigen.

Wildschweine im Naturpark Wüste

An sonnigen Tagen kann man auf die dicke Mauer klettern und sich zwischen großen alten Efeuranken in die Sonne legen. Von der Burgmauer aus hat man auch einen schönen Ausblick über die Hügel des Leithagebirges und in die Ebene bis nach Wien.

Von der Burg aus gehen wir den Wanderweg weiter geradeaus bis zur Franz-Josef-Warte – Kaisereiche. Hier folgen wir eine Zeit lang einem Teil des mehrere Kilometer langen Ringwalls, der Kloster und Burg umgab und schützte.

Die Warte (Kaisereiche) wurde 1888/89 zu Ehren Kaiser Franz Josephs gebaut und liegt auf 443 Metern.

Die Warte ist ein 8 Meter hoher Turm aus Stein mit einem 4 Meter hohen, verglasten Holzaufbau, von dem man bei gutem Wetter weit in alle Richtungen sehen kann. Rund um die Warte ist eine kleine Wiese mit einem Rastplatz, wo man eine kleine Pause einlegen kann.

Von der Kaisereiche gehen wir ein Stück wieder zurück bis zum Pfaffenberg, wo uns ein Schild nach links wieder den Weg nach Hof weist.

Ruine Scharfeneck

Orte an der Tour

Hof am Leithagebirge

Hof ist ein Dorf, das früher vom Feld und vom Wald gelebt hat. Die Bauern haben neben dem Anbau von Kartoffeln, Zwiebel und Kukuruz in ihren Streckhöfen viel Holz aus dem Wald verarbeitet. Ganz typische Berufe des Ortes waren Besenbinder und Leitermacher.

Jetzt ist von dieser landwirtschaftlichen Tradition nicht mehr sehr viel übrig. Der Ort ist ein moderner Ort mit guter Infrastruktur, der durch seine Nähe zu Wien viele „Zuagroaste" anzieht und stetig wächst.

Hof ist, historisch gesehen, ein sehr wehrhaftes Dorf. Es gibt hier eine Burg mit hohen Mauern und drei Türmen mit Zinnen, darüber hinaus war Hof aber auch Stützpunkt einer 2.000 Mann starken Militärtruppe. Teile der alten Kaserne aus der Zeit von Kaiserin Maria Theresia stehen noch heute, befinden sich allerdings in Privatbesitz und dienen als Wohnhaus (das alte Kasernengebäude liegt etwa in der Mitte der „Friedhofsallee" auf der rechten Seite).

Die Burg Turmhof steht heute

samt des innerhalb des ersten Mauerrings liegenden Gebäudes einer alten Wassermühle ebenfalls in Privatbesitz. Einen Blick auf Türme und Wehrmauern hat man von der Schulgasse. Dort gibt es auch eine alte „Schwemm", einen kurzen Bach, der hier noch bis in die frühen 1980er-Jahre von Frauen zum Ausschwemmen der Wäsche genutzt wurde. Ein weiterer guter Blick bietet sich von der kleinen Wiese oberhalb der Burg.

Gleich hinter dem modernen Zubau der Volksschule finden sich noch das ehemalige „Gefrierhaus", das „Milchhaus" und die Brückenwaage. Bis in die 1970er-Jahre waren dies wichtige und viel benutzte Einrichtungen des Ortes, heute sind die Gebäude allerdings in keinem guten Zustand mehr.

Von Hof kann man viele Wandertouren in das Leithagebirge und Radtouren in die Leithaauen starten.

Kulinariktipps
Wia z'Haus Kraus

Das Kraus ist ein sehr beliebtes Dorfgasthaus mit guter Gasthausküche und bei den Einheimischen für die guten Schnitzel verehrt. Gekocht wird aber auch

leichter und saisonal mit vielen regionalen Produkten aus der Umgebung, zählt das Gasthaus doch auch zu den „Genusswirten". Ebenso ist die Weinkarte lokal geprägt. Sehr gutes Preis-Leistungsverhältnis.
Hauptplatz 3
A-2451 Hof am Leithaberge
Tel.: + 43 (0)2168 62375
www.wiazhaus.co.at

Heurigen Ivan

Das Heurigenlokal kann man unmöglich finden, wenn nicht geöffnet ist, aber selbst wenn „ausgsteckt is" muss man fast ein Einheimischer sein um es zu entdecken. Dabei braucht sich „der Ivan" nicht zu verstecken. Der gemütliche kleine Heurigen liegt an der Hauptstraße fast gegenüber der Kirche. Er hat kein Schild, das auf die Existenz des Heurigen hinweist, höchstens der Buschen lässt Köstliches vermuten. Netter Innenhof, sehr kinderfreundlich (mit viel Spielzeug) und besonders nette Heurigenwirte.

Hauptstraße 28
A-2451 Hof am Leithaberge

Kinoheurigen Wukoschitz

Der Kinoheurigen in Hof ist eine Institution! Früher war das Gebäude ein Kino, das Schild an der Außenwand weist noch darauf hin. So ist der Heurigen auch leicht zu finden. Als nicht Einheimischer ist der Besuch aber mit etwas Überwindung verbunden, in einem Kino ist es nämlich stockdunkel, und es gibt keine Fenster. Wenn sich aber die Augen an das künstliche Licht gewöhnt haben, ist der Heurigen mit der dunklen Einrichtung und den fröhlichen Wirten sehr gemütlich. Ausgsteckt nach Heurigenkalender (findet man auf der Facebookseite). Tipp: Schauen, was die Einheimischen am Teller haben. Es gibt immer wieder Spezialitäten abseits der Karte!
Mannersdorferstraße 2
A-2451 Hof am Leithaberge

Rezepttipp

Bärlauchaufstrich

Zutaten:
1 Hand voll Bärlauch
250g Topfen
Sauerrahm
Essig oder Zitronensaft
Salz
Pfeffer

Zubereitung:
Den Bärlauch waschen und fein nudelig schneiden und in den Topfen einrühren. Ein paar Löffel Sauerrahm dazufügen und mit den Gewürzen abschmecken. Frisch aufs Brot streichen!

Kirschblüte erradeln

Tour 2

Donnerskirchen – Purbach – Breitenbrunn – Jois

Die Tour in Kürze

Jahreszeit:	Im Frühling zur Kirschblüte
Tour:	Fahrrad
Streckenlänge:	ca 35km leicht hügelig, Asphalt
Highlights:	Bergkirche Donnerskirchen mit schöner Aussicht – blühende Kirschalleen – guter Seeblick entlang der Strecke – Kellerviertel von Purbach und Breitenbrunn – Türkenturm in Breitenbrunn – Altstadt mit Stadttoren in Purbach – versteckter Strand in Purbach
Kulinarik:	Mehr Kulinarik geht kaum: zur richtigen Jahreszeit Kirschen frisch von den Bäumen; sonst: Heurigen „Der Schemitz", „Gut Purbach", „Kloster am Spitz", Paulistubn …, um nur ein paar Highlights zu nennen

Die Kirschblütenregion umfasst das Gebiet von Donnerskirchen über Breitenbrunn und Purbach bis nach Winden und Jois und liegt zwischen den Südosthängen des Leithagebirges und dem nordwestlichen Ufer des Neusiedler Sees. Diese Lage macht den Kirschblütenweg auch abseits von Blüte und Frucht zu jeder Zeit besonders attraktiv, da der Radweg sanft hügelig zwischen Weingärten, Wiesen und entlang der Wälder des Leithagebirges dahinführt und fast über die ganze Strecke schöne Ausblicke auf See, Schilfgürtel und Weingärten bietet.

Die vorgeschlagene Radtour erstreckt sich über drei Orte der Kirschblütenregion, startet in Donnerskirchen und führt durch die Weingärten am Kirschblütenweg entlang nach Purbach und Breitenbrunn und danach entlang von See und Schilfgürtel wieder zurück nach Donnerskirchen.

Die Radtour ist entweder im April, wenn Hunderte Kirsch- und Mandelbäume blühen, oder im Juni, wenn die roten Früchte reif und süß sind, zu empfehlen.

Gleich unterhalb der markanten und bereits von Weitem sichtbaren Bergkirche von Donnerskirchen gibt es einen Parkplatz, von dem aus die Tour gestartet wird. Mit guter Aussicht auf den

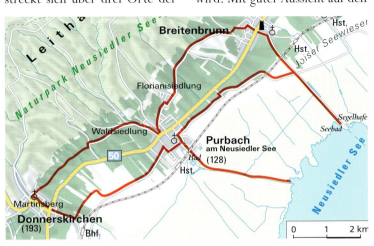

Neusiedler See fahren wir hier Richtung Purbach zwischen den Weingärten los. Der Kirschblütenradweg hat auch die Bezeichnung B12 und ist entlang der Strecke gut beschildert! Auf halber Strecke nach Purbach weist ein Schild auf die Schauweingärten „Im Himmelreich", die steil an den Hängen des Leithagebirges liegen. Von dort oben genießt man eine besonders schöne Aussicht auf die Region. Nach 4 Kilometern kurz vor Purbach kann man links zum „Kloster am Spitz" (Lokaltipp mit Aussicht oberhalb von Purbach) abzweigen. Wir fahren jedoch geradeaus weiter nach Purbach und passieren dort einen Teil der Kellergasse und biegen gleich links ab. Hier folgt man den Pfeilen und Zeichnungen am Boden weiter entlang am Kirschblütenweg – B12 Richtung Breitenbrunn. Dieser Streckenabschnitt erfordert dann etwas Kraft. Es geht bergauf und bergab über die Hügel zwischen Kirschbaumalleen (kurz vor Breitenbrunn ist eine Reihe der Bäume Stammgästen des Ortes gewidmet), an Pferdeweiden und Wäldern entlang, einmal durch ein kleines Bächlein hindurch in Richtung Breitenbrunn. Ein kleines Naturschutzgebiet lohnt eine Rast und bietet von den Hügeln besonders schöne Ausblicke über den See. In Breitenbrunn fahren wir durch die Kellergassen hinunter in das Zentrum des Ortes und von dort Richtung Strand. Nach dem Bahnübergang stoßen wir auf die B10 und fahren nach rechts Richtung Südwesten zurück nach Donnerskirchen.

Sowohl in Breitenbrunn als auch in Purbach hat man die Möglichkeit, einen Abstecher zum See zu machen. In Breitenbrunn gibt es ein schönes Strandbad mit Restaurant, Snackbar, Spielplatz und Bootsverleih, Toiletten und Duschen.

Tipp: Wenn Sie jedoch etwas abseits vom Trubel ans Wasser möchten, empfiehlt sich der Strand von Purbach. Hier ist die Zufahrt nur mit dem Rad möglich, da sie für den Autoverkehr gesperrt ist. Die Zufahrt führt vom Jachthafen und Freibad entlang eines Schilflehrpfades – samt Aussichtsturm mit Blick über See und Schilf – und des Seekanals bis zu einer kleinen, idyllischen Naturbucht mit Wiese und Kiesstrand.

Radverleih an der Strecke
Sonnenwaldbad
Badstraße
A-7082 Donnerskirchen
Tel.: +43 (0)2683 8670

nextbike.at
Bahnhof Hauptplatz und Naturseebad
A-7091 Breitenbrunn
Tel.: +43 (0)1 3190254
www.nextbike.at

Orte an der Tour

Donnerskirchen

Donnerskirchen ist ein kleiner Ort mit ca. 1.700 Einwohnern, der vor allem durch den Weinbau geprägt ist. Touristisch zählt Donnerskirchen zu den ruhigsten Orten rund um den See und ist noch ein kleiner Geheimtipp. Markantestes Gebäude ist die Bergkirche, die über dem Ort thront. Vor der barocken Kirche, die dem heiligen Martin gewidmet ist, gibt es eine schöne Terrasse, von der man einen wundervollen Blick über die Weingärten, die Kirschbäume und den Neusiedler See hat. Zur Kirche hinauf führt auch ein netter Kreuzweg. In der Kirche finden auch immer wieder schöne Konzerte des bekannten Geigers Toni Stricker statt.

An der hinteren Seite der Terrasse führt durch ein kleines Gattertor ein schmaler Pfad auf den steil ansteigenden Grasberg, der von Frühling bis Herbst auch als Weide für ein paar Kühe und Schafe genutzt wird. Vom höchstgelegenen Punkt des Hügels genießt man eine noch beeindruckendere Aussicht. Wenn man dem Weg weiter folgt, so gelangt man in einer kleinen Runde in ca. 45 Minuten wieder zurück zum Parkplatz unterhalb der Bergkirche.

Obwohl die Ortsstruktur im Zentrum noch von der traditionellen Bauweise des Streckhofs geprägt ist, hat der Ort durch Erneuerungen und Umbauten in den letzten Jahrzehnten etwas von seiner Unverwechselbarkeit verloren. In der ruhigen Seitenstraße, die vom Parkplatz unterhalb der Kirche sanft bergab führt, gibt es noch ein paar schöne alte Häuser zu sehen, und dort liegen einige der besten Winzer des Ortes (Neumayer, Reichardt, Sommer, …) mit ihren Höfen.

Johannesstraße in Donnerskirchen

Das historisch wertvollste Gebäude des Ortes stellt der mächtige Leisserhof an der Hauptstraße, ebenfalls unterhalb der Bergkirche gelegen, dar (im Inneren Gewölbe, Wendeltreppen, schöner Innenhof …; das bis 2013 Hauben-gekrönte Lokal samt Gebietsvinothek war bei Redaktionsschluss allerdings geschlossen). Von der Rückseite des Leisserhofes führt eine Gasse entlang einer alten und noch sehr typisch erhaltenen Stadlzeile in Richtung Weingärten und Bundesstraße hinab. Donnerskirchen liegt zwar am See, hat jedoch keinen Strandzugang. Trotzdem lohnt ein zweiter Blick auf den sympathischen Ort.

Typisch für Donnerskirchen sind auch die Straßenverkäufer entlang der Seestraße. Viele ansässige Bauern verkaufen hier ihr Obst, Gemüse, Säfte und Wein an der Straße! Besonders interessante Sorten von Kirschen aus seinem Garten bietet ein redseliger älterer Hand auf der linken Straßenseite der Ortsausfahrt in Richtung Purbach.

Wulka-Safari
In Donnerskirchen fließt die Wulka in den Neusiedler See, und das Tourismusamt bietet lohnende Exkursionen in den Schilfgürtel.
Mit einem Naturpark-Führer fährt man auf schmalen Kanälen durch das Schilf und bekommt Informationen zu Flora und Fauna.

Informationen und Termine beim Tourismusverband Donnerskirchen unter www.donnerskirchen.at

Kulinariktipps
Der Löwenhof
Johannesstraße 36
A-7082 Donnerskirchen
Tel.: +43 (0)676 9436060
E-Mail: leeb.stefan@aon.at
www.loewengeist.at
Ein nettes Kaffeehaus mit hausgemachten Mehlspeisen und Spitzenprodukten aus der Genussregion Leithaberger Edelkirsche

Der Schemitz
Hauptstraße 66
A-7082 Donnerskirchen
Tel.: +43 (0)2683 8506
E-Mail: info@schemitz.at
www.schemitz.at
Genusswirt – Heuriger – Vinothek – Genussladen „Leithaberger Edelkirsche"
Wenn man mit Herrn Schemitz

Heuriger Schemitz

über Kirschen spricht, erkennt man, dass er sein Herz an sie verloren hat, er ist leidenschaftlicher Produzent von Kirschprodukten. Neben Kirschmarmelade, -schokolade, -saft oder -essig, die man aus dem angeschlossenen Shop samt Ortsvinothek mitnehmen kann, gibt es auch Speisen mit Schwerpunkt von Produkten aus den Genussregion, die man im Heurigen warm oder kalt genießt, wie z. B. Kirschenstrudel oder Kirschwürstel.

Der Schemitz ist ein sympathischer Heuriger mit rustikaler Einrichtung, der vor allem in der warmen Jahreszeit, wenn man im Garten sitzen kann, einen Besuch wert ist. Selbstverständlich gibt es hier auch alle anderen Klassiker der Heurigenküche.

Tipp: Probieren Sie die burgenländische Krautsuppe! Hervorragend!

Heurigenstuben Weingut Familie Striok
Eisenstädter Straße 28
A-7082 Donnerskirchen
Tel.: +43 (0)2683 8532
www.striok.at
Heurigenrestaurant mit auch warmen Gerichten; von April bis Oktober am Wochenende geöffnet, im Sommer auch unter der Woche.

Heuriger Ritter
Hauptstraße 15
A-7082 Donnerskirchen

Tel.: +43 (0)2683 8339
E-Mail: ritter@ritterwein.at
www.ritterwein.at
Regionaltypischer Buschenschank; „ausgsteckt" je nach aktuellem Heurigenkalender; beliebt vor allem bei Einheimischen

Heuriger Weidinger
Wiener Straße 51
A-7082 Donnerskirchen
Tel.: +43 (0)2683 8505
E-Mail: Weinbau-weidinger@gmx.at
www.weinbau-weidinger.at
Der Weidinger ist eine lokale Institution und eine typische Buschenschank, die in Donnerskirchen und den Nachbarorten sehr beliebt ist.

Vintage Neumayer
Johannesgasse 32
A-7082 Donnerskirchen
Tel.: +43 (0)2683 8534
E-Mail: Hans.neymayer@aon.at
www.vintage-neumayer.at
Weinbar und gehobener Heuriger mit pannonischen Schmankerl.

Weintipps
Claudia und Werner Reichhardt
Bei Claudia und Werner Reichhardt bekommt man sehr guten, prämierten Wein zu vernünftigen Preisen. Der sympathische Familienbetrieb liegt direkt im Zentrum von Donnerskirchen und hat den Anspruch, ein Geheimtipp zu sein, schon beinahe verloren, da sich der gute Ruf schon weit verbreitet hat.
Jedes Jahr findet außerdem der Donnerskirchner Sautanz in den Gebäuden des Weinguts statt.
Kosten kann man die Weine im Verkostungsraum, am besten meldet man sich vorher telefonisch an.

Weingut Familie Reichardt
Johannesstraße 28
A-7082 Donnerskirchen
Tel.: +43 (0)2683 8163
E-Mail: office@weingut-reichardt.at
www.weingut-reichardt.at

Familie Reichhardt

Weingut Sommer & Weinquartett
Das Weingut befindet sich gleich nebenan. Falstaff prämierte her-

vorragende Weine! Das Weingut Sommer ist Teil des Donnerskirchner Weinquartetts, zu dem noch die ebenfalls äußerst empfehlenswerten Weingüter Bayer, Liegenfeld und Vintage Neumayer gehören. Durchkosten!
Johannesstraße 26
A-7082 Donnerskirchen
Tel.: +43 (0)2683 8504
E-Mail: info@weingut-sommer.at
www.weingut-sommer.at

Weingut Karner
Badstraße 18
A-7082 Donnerskirchen
E-Mail: info@weingut-karner.at
www.weingut-karner.at
Die Familie Karner verkauft ihre Weine nur „ab Hof" und bietet ein gutes Preis-Leistungsverhältnis.

Sonnenwaldbad

Mit Kindern sollte man einen Tag im Sonnenwaldbad verbringen. Hier gibt es Kinderspielplätze, ein Erlebnisschwimmbecken mit 40 Meter langer Rutsche, Kinderplanschbecken einschließlich Kinderwasserrutsche, einen Minigolfplatz, Tennisanlagen und einen Beachvolleyballplatz. Auf einer Liegewiese mit Bäumen gibt es auch für die Eltern die Möglichkeit, etwas zu entspannen.

Lamawanderungen

Bei Familie Striok in Donnerskirchen kann man Lamawanderungen zu verschiedenen Zielen im Ort buchen. Ein besonderer Tipp für Ausflüge mit Kindern. Informationen finden Sie unter www.lama-wanderungen.at oder
Familie Striok
Bergstraße 30
A-7082 Donnerskirchen
Tel.: +43 (0)676 7565727
E-Mail: ewald.striok@gmx.at

Golfplatz

Der 18-Loch-Golfplatz in Donnerskirchen liegt unterhalb des Leithagebirges und grenzt an den Schilfgürtel des Sees.

Wohntipps
Der Löwenhof
Im Löwenhof kann man in einem Biedermeierhaus stilvoll Ferien machen und sich entspannen. Das Haus liegt mitten im Ort, gleich beim Café Löwenhof.
Hauptstraße 51 / Johannesstraße 36
A-7082 Donnerskirchen
Tel.: +43 (0)660 5684209

Weingut Bayer-Erbhof
Die Weinbauernfamilie bietet in wenigen dafür umso gemüt-

licheren Zimmern Urlaub auf dem Bauernhof.
Hauptstraße 50
A-7082 Donnerskirchen
Tel: +43 (0)2683 8550-0
www.bayer-erbhof.at

Weinhof Neumayr

Im Innenhof des Hauses gibt es einen kleinen Heurigen der anderen Art mit vielen Köstlichkeiten. Der mehrfach prämierte Wein schmeckt ausgezeichnet, und wenn man dann doch etwas länger geblieben ist, als man geplant hat, kann man hier in charmanten Zimmern übernachten.
Johannesstraße 32
A-7082 Donnerskirchen
Tel.: +43 (0)6644818395
www.tiscover.at/loewenhof

Burgenlandhaus

Wer paradiesische Idylle und etwas Abgeschiedenheit sucht, ist im Burgenlandhaus goldrichtig! Das Haus liegt in einem waldreichen Tal etwas abseits vom Zentrum, es ist schon 150 Jahre alt und liebevoll restauriert. Im nicht einsehbaren Garten kann man wunderbar entspannen.
Dr. Ursula Waigand
Bergstraße 39
A-7082 Donnerskirchen
www.tiscover.at/burgenlandhaus.

Purbach

Türkentor

Purbach ist ein Ort, der viel von seinem ursprünglichen, mittelalterlichen Charme erhalten konnte. Ein großer Teil der Stadtmauer, die ganz Purbach im Mittelalter umgab, ist mitsamt den drei Toren – dem Türkentor im Westen, dem Brucker Tor im Nordosten und dem Ruster Tor im Süden – weitgehend erhalten. Die schießschartenbewehrte Mauer, die heute den Stadtkern umgibt, gilt als die besterhaltene Stadtummauerung des Burgenlandes. Vielfach verbirgt sich die Mauer jedoch in den typischen Streckhöfen und ist daher vor allem bei den Toren am besten zu sehen.

Wenn man von der Seestraße durch das Türkentor spaziert, fühlt man sich tatsächlich immer wieder in die Zeit der Türkenkriege zurückversetzt. Einige Häuser sind noch sehr original erhalten und wunderschön restauriert. Hier lohnt ein Spaziergang durch die verkehrsberuhigten Gassen. Immer wieder entdeckt man schöne Häuser und idyllische Plätzchen und Ansichten.

Das Wahrzeichen der Stadt ist jedoch der Purbacher Türke, eine kleine Statue, die aus dem Rauchfang eines Hauses ragt. Eine Hinweistafel auf der Seestraße weist auf die Statue hin, da diese doch sehr leicht zu übersehen ist.

Der Sage nach blieb nach einem Türkenüberfall auf das Dorf ein Soldat, der dem guten Wein etwas zu viel zugesprochen hatte, zurück. Als die Dorfbewohner, die sich im Wald vor dem Überfall versteckt hatten, wieder zurückkamen, versuchte der Türke, sich in einem Ofen zu verstecken, wo er jedoch ausgeräuchert und zur Flucht über den Rauchfang gezwungen wurde. Die Geschichte ging jedoch gut aus, da er sich in das Dorfleben integrierte und als Knecht im Dorf weiterleben durfte.

Als Besucher kommt man jedoch nach Purbach meist nicht wegen der historischen Bedeutung, sondern wegen des guten Essens und Weins.

Die meistbesuchte Sehenswürdigkeit des Ortes ist demnach auch die gut erhaltene Kellergasse, die Ende des 19. Jahrhunderts gebaut wurde. Sie lädt dazu ein, hier als Gast Halt zu machen.

Türke

Jeden ersten Samstag im Monat findet hier der Kellergassenheurige statt, im Rahmen dessen dann sehr viele der Weinbauern ihre Keller öffnen und man deren Weine und bodenständige Heurigenküche genießen kann. Direkt am Eingang zur Kellergasse lockt seit Neuestem eine große und moderne Regionalvinothek samt Ausstellung über See und Shop mit den Genussprodukten der Region.

Schöne Aussichten über den Ort und den See erschließen sich, wenn man entweder von der Kellergasse zum „Kloster am Spitz" (Toprestaurant und Weingut mit schöner Terrasse in historischen Mauern) hinaufspaziert oder im oberen Teil der Kellergasse den kleinen Bach nach rechts überquert und der Straße bergauf folgt, bis man die Weingärten erreicht.

Sehr gut erhalten ist auch noch die typische Stadlzeile an der Rückseite der Streckhöfe in der Oberen Bahngasse.

Purbach hat zwar einen Seezugang, dieser ist aber nur mit dem Rad oder zu Fuß erreichbar. Der Weg zu dem kleinen und besonders idyllischen Naturstrand führt entlang des Kanals, der den Jachthafen und Ablegeplatz der Fähre und Ausflugsschiffe (ca. beim Freibad) mit dem offenen See verbindet. Die Strecke ist als Schilflehrpfad mit Aussichtsturm und Hinweistafeln angelegt. Da es doch rund drei Kilometer bis zur Kiesbucht sind, ist die Strecke optimal mit dem Fahrrad zu bewältigen.

Kellergasse in Purbach

Vinothek und Genusseinkauf
Haus am Kellerplatz
Kellerplatz 1
A-7083 Purbach
Das Haus am Kellerplatz ist eine Mischung aus Vinothek und Tourismusinformation. In der Vinothek stehen regionale Spezialitäten und mehr als 350 Weine zu Verkostung und Verkauf bereit. Die Ramsar-Ausstellung vermittelt Wissenswertes über Fauna und Flora der Welterbe-Region Neusiedler See – Seewinkel. Im

Haus am Kellerplatz

Informationsbüro erfahren Sie alles über Sehens- und Erlebenswertes in der Region. Purbach hat damit sicher eine der modernsten und interessantesten Regionalvinotheken der Region.

Weinpur – Vinothek
Hauptgasse 15
A-7083 Purbach
Tel.: +43 (0)2683 2106
Vinothek, Shop und Weinbar im Ortskern, zwischen Kirche und Gut Purbach auf der rechten Straßenseite.

Fleischerei Sandhofer
Gott sei Dank gibt es immer noch Fleischereien wie die mehrfach prämierte von Herrn Sandhofer.
Hier gibt es 100 verschiedene Wurst und Schinkensorten. Selbstverständlich wird nur österreichisches Fleisch aus natürlicher Aufzucht verwendet. Hier werden auch Kirschen und Kirschsaft in der Würstelproduktion verwendet. Probieren Sie die verschiedenen Würste und Würstel, es zahlt sich aus. Wer ein besonderes Stück benötigt, sollte es vorher telefonisch bestellen.
Türkenstraße 1
A-7083 Purbach
Tel.: +43 (0)2683 5591
E-Mail: sandhofer-wurst@purbach.at
www.sandhofer-wurst.at

Kulinariktipps
Insgesamt 19 Gastronomie-Lokale listet Purbach auf, und das Angebot reicht damit von den genannten Toprestaurants über die Pizzeria und das „Little Bangkok" mit thailändischer Küche in einer ehemaligen Steckerlfischbude bis zu der großen Anzahl an Heurigen in der Kellergasse.

Die hier beschriebenen Restaurants legen alle Wert auf Regionalität der Zutaten und Saisonalität der Speisen. In allen Restaurants werden Spargel, Kirschen, Wild, Gansl etc. nur zu der Zeit angeboten, in der sie auch in der Region erhältlich sind.

An den Wochenenden ist es in keinem der Lokale leicht, einen Sitzplatz zu bekommen, daher ist es immer sinnvoll zu reservieren!

Gut Purbach
Hauptgasse 64
A-7083 Purbach
Tel.: +43 (0)2683 56086
E-Mail: office@gutpurbach.at
www.gutpurbach.at

Das Gut Purbach ist sicher einer der Leitbetriebe und Aushängeschilder der Burgenländischen Küche. Liebhaber von feinst zubereitetem Fleisch und Innereien werden hier besonders auf ihre Kosten kommen. Auf der Karte stehen Gut-Purbach-Klassiker wie Grammelknödel auf Paradeiserkraut (eine besondere Lieblingsspeise der Autorin) und ungarische Fischsuppe genauso wie Kalbsrahmherz oder Rebhuhn. Selbst Raritäten wie Leithaberg-Schnepfe finden sich hier auf der Karte. Dazu kommen Veranstaltungen wie Gansl- oder Sautanz.

Max Stiegl

Das Lokal liegt in einem wunderschön restaurierten Hof am Ende der Hauptgasse, und das überaus gut geschulte und aufmerksame Personal strahlt Gelassenheit und Gemütlichkeit aus, sodass man sich sofort wohlfühlt. Insgesamt eine absolute, mehrfach ausgezeichnete und Hauben-gekrönte Adresse für alle Liebhaber von verfeinerter, aber sehr burgenländischer und bodenständiger Küche mit regionalen und saisonalen Produkten und eine Topadresse für Liebhaber von Innereien.

Im Gut Purbach kann man auch sehr schön und gediegen nächtigen.

Restaurant Braunstein
Pauli's Stuben
Fellnergasse 1a
A-7083 Purbach am Neusiedler See
Tel.: +43 (0)2683 55130
E-Mail: restaurant@braunstein.at
www.braunstein.at

Das Restaurant Braunstein ist ein gutbürgerliches Gasthaus mit ausgezeichneter Küche und aufmerksamem Personal. Hier bekommt man alle Spezialitäten, die in der Region angeboten werden können, auf hohem Niveau. Das Lokal bietet sich eher in der kälteren Jahreszeit an, da es keinen Gastgarten hat. Weine werden unter anderem auch vom eigenen, hervorragenden Weingut angeboten. Mittleres Preisniveau.

Wer hier am Abend länger bleiben möchte, sollte überlegen, in einem der gut ausgestatteten Zimmer über Nacht zu bleiben.

Kloster am Spitz
Waldsiedlung 2
A-7083 Purbach
Tel.: +43 (0)2683 5519
E-Mail: restaurant@klosteramspitz.at
www.hotel-restaurant.klosteramspitz.at

Das Lokal liegt etwas außerhalb in den Weingärten und hat einen wunderschönen Gastgarten, von dem man über Purbach auf den See schauen kann. Neben der ausgezeichneten Küche (zwei Hauben) von Wolfgang und Bianca Schwarz laden noch die Topweine des Bio-Winzers und Bruders Thomas Schwarz zum Verkosten ein. Gehobenes Preisniveau. Ebenso dort untergebracht ist ein Hotel mit Zimmern und zwei Großraumsuiten.

Schwein und Wein
Waldrandsiedlung 2
AT-7083 Purbach

Seit Frühling 2014 gibt es einen interessanten neuen Heurigen in den Gebäuden des Weingutes Thomas Schwarz. Die jungen engagierten Betreiber bieten innovative Küche auf hohem Niveau. Mit Glück bekommt man einen Platz auf der Terasse, die einen sensationellen Ausblick auf die Hänge des Leithagebirges ermöglicht. Ausprobieren!

Gasthof „Zum Türkentor"
Hauptgasse 2
A-7083 Purbach
Tel.: +43 (0)2683 3400

Das alteingesessene Gasthaus liegt direkt am Stadttor in der Altstadt (gegenüber von Kellergasse, Vinothek und Pauli's Stuben). Es verfügt über einen neu angebauten, voll verglasten Wintergarten hinter der alten Stadtmauer und über alte Gaststubenteile. Gekocht wird regional, und das auf sehr gutem Niveau. Fisch, Wild, regionales Fleisch und auch traditionelle Hausmannskost mit Ausflügen in den Mittelmeerraum finden sich auf der Speisekarte, die man als pannonisch-mediterran bezeichnen könnte. Der Wirt ist freundlich und extrovertiert, die Atmosphäre entspannt und vor allem in der Gaststube urig und ortsverbunden, das Preis-Leistungsverhältnis sehr ordentlich.

Restaurant Fossil
A-7083 Purbach
Tel.: +43 (0)2683 21 025
E-Mail: office@genusskeller-fossil.at
www.restaurant-fossil.at
Heurigenrestaurant in der Kellergasse von Purbach im Weinkeller und im Sommer auf einer kleinen Terrasse davor mit verfeinerter kalter und warmer, erweiterter Heurigenküche mit vielen saisonalen und regionalen Produkten.

Heurigenrestaurant Türkenkeller
Im Ortskern liegt das sehr idyllische Heurigenrestaurant „Türkenkeller", in einem wunderbaren, alten Streckhof. Dort befindet sich auch der Schornstein mit der Figur des „Purbacher Türken".
Schulgasse 9
Tel.: +43 (0)2683 5112
www.tuerkenkeller.at

Kellergassenheuriger
Jeden ersten Samstag im Monat von April – Oktober
In der Kellergasse von Purbach findet sich immer ein offener Heuriger, der auf jeden Fall gute Speisen und guten Wein anbietet. Hier kann gar nichts schiefgehen, und jeder findet seinen Lieblingsheurigen. Das Durchprobieren macht so richtig Spaß.

Purbach zur Zeit der Türkenbelagerung
Jedes Jahr findet in Purbach im August dieses historische Kostümfest statt, bei dem Gaukler auftreten, Schweine und Lämmer am Spieß gebraten werden und die Purbacher in Kostümen aus dem Mittelalter die Straßen füllen. Sowohl für Kinder als auch für Erwachsene ist der Besuch des Festes ein Erlebnis.

Solarwarmbad / Freibad
Eine Attraktion ist das Solarwarmbad Türkenhain. Mit dem solargeheizten Erlebnisbecken, der 35-Meter-Erlebnisrutsche, dem Wildwasserströmungskanal und den Bodenblubbern haben nicht nur die kleinen Besucher Badespaß pur. Die großflächige Liegewiese ermöglicht Ruhe und Erholung, während das Kinderbecken und zwei Beach-

volleyballplätze das Bad für die jungen und jüngsten Badegäste interessant macht.

Wohntipps
Herberge an der Nikolauszeche
Das Haus ist Mitglied der Hotelgruppe Schlosshotels und Herrenhäuser und wurde bereits 1511 das erste Mal urkundlich erwähnt. In den wunderschönen, geschmackvoll eingerich-

teten Zimmern und Suiten kann man stilvoll und entspannt den Urlaub genießen.
Bodenzeile 7
A-7083 Purbach
Tel.: +43 (0)676 7776233
Fax: +43 (0)1 81749552709
E-Mail: herberge@nikolauszeche.at

Gästehaus Hans Moser
Hier kann man in einem historischen Weinhauerhaus aus dem 17. Jahrhundert übernachten und im abgeschlossenen Innenhof des Gebäudes den Tag genießen.
Hauptgasse 10
A-7083 Purbach
Tel.: +43 (0)2683 2886

Romantik Purbachhof
Direkt neben der Pfarrkirche befindet sich dieses Privatquartier aus der Renaissance. Einfach jedoch wunderschön.
Schulgasse 14,
A-7083 Purbach
Tel.: +43 (0)2683 5564

Weintipps
Weingut Gmeiner
Angergasse 13
A-7083 Purbach
Tel.: +43 (0)2683 5277
E-Mail: mail@weingut-gmeiner.at
www.weingut-gmeiner.at

Thomas Schwarz – Weingut Kloster am Spitz
Waldsiedlung 2
A-7083 Purbach
Tel.: +43 (0)676 9608875
E-Mail: weingut@klosteramspitz.at
www.klosteramspitz.at

Breitenbrunn

Die meisten Gäste fahren durch Breitenbrunn nur hindurch, um dort in das schöne und häufig auch noch angenehm ruhige (die ganz heißen Tage an Wochenenden im Juli und August ausgenommen) Seebad zu fahren. Ein Stopp im Ort lohnt sich jedoch durchaus. Direkt an der Hauptstraße befindet sich ein Wehrturm, der ein Turmmuseum beinhaltet und von dem sich natürlich auch schöne Ausblicke bieten.

Turm in Breitenbrunn

Das dreistöckige Turmmuseum gibt anhand von Exponaten, Karten und Wandtafeln einen guten Überblick über die Vergangenheit der Region und des Ortes.

Von hier aus kann man einen netten Spaziergang durch den Ort machen. Bei der Kirche stehen noch die Reste der alten Stadtmauer und das hübsch renovierte Torwärterhaus. Auch sonst sind in den drei Gassen des alten Ortskernes noch einige sehr schöne alte Häuser aus dem Mittelalter erhalten und neu restauriert worden. Diese kleinen, netten Flecken fügen sich unaufgeregt in den Ort, machen Breitenbrunn so besonders sympathisch und lassen einen einfachen Spaziergang doch zu einer kleinen Entdeckertour werden.

Ein weiterer Spaziergang sollte auf jeden Fall in das Kellerviertel von Breitenbrunn gehen, das ein Stück oberhalb des sehr breiten und offenen „Angers" samt des wirklichen tollen und großflächigen Kinderspielplatzes beginnt. Die Keller, die zwischen 1850 und 1930 errichtet wurden, sind einen Rundgang auf jeden Fall wert. Wenn man Glück hat, sind einige offen, und man kann durch die Gittertüren einen Blick ins Innere werfen.

Die Kellergasse verzweigt sich am oberen Teil der Hanglange. Einfach erkunden!

Rauchkuchl

Die Rauchkuchl ist ein sehr uriger Heuriger in einem Streckhof hinter einem barocken Haus aus dem 17. Jahrhundert. Der Streckhof wirkt etwas verwildert. Die Preise sind sehr günstig. Es gibt hier auch warme Speisen.

Gebäude beim Zugang zur Rauchkuchl

Prangerstraße 7
A-7091 Breitenbrunn

Vinoschank
Kellerring
A-7091 Breitenbrunn
Tel.: +43 (0)664 4527537
www.weinguthumer.at
In einem Weinkeller am Kellerring steht diese Buschenschank der etwas anderen Art. Im Zentrum stehen die Weine, diese werden aber von kulinarischen, regionalen Köstlichkeiten begleitet. Schöne Sitzplätze sowohl drinnen als auch draußen, gleich dahinter beginnen die Weingärten. Absoluter Tipp!

Zum Fizimayer
Eisenstädterstraße 100
A-7091 Breitenbrunn
Tel.: +43 (0)2683 5255
www.fizimayer.at
Das Gasthaus Zum Fizimayer ist eine Pilgerstätte für Freunde von großen Portionen zu kleinen Preisen. Am Donnerstag und Freitag ist Schnitzeltag, da gibt es Schnitzel mit Salat um 5 Euro. Etwas außerhalb des Ortes, am Hang mit Seeblick.

Seebad

Das Seebad Breitenbrunn bietet jede Infrastruktur, die für einen schönen Badetag nötig ist. Dieses Strandbad ist besonders für Familien zu empfehlen und auf deren Bedürfnisse ausgelegt. Am Strand wird immer wieder neuer Sand zum Sandspielen für Kinder aufgeschüttet. Gleich dahinter gibt es einen schönen Spielplatz, und unter den vielen Bäumen findet sich auch für ganze Familien genügend Schatten zum Rasten.

Es gibt ein Restaurant, saubere Duschen und Toiletten, eine Segelschule, eine Surfschule und einen Bootsverleih für Elektro- und Ruderboote. Der Schwimmbereich ist abgesperrt und vor dem Bootsverkehr gesichert.

Kinderspielplatz

Der Kinderspielplatz im Ort am Anger ist für Kinder aller Altersstufen sehr zu empfehlen! Der Spielplatz ist fast vollständig im Schatten, was es auch an sehr heißen Tagen möglich macht, sich dort ordentlich auszutoben. Es gibt viele Kletter-, Rutsch-, Schaukel- und Balanciermöglichkeiten.

Wohntipps
Romantikchalet
Seestraße 44-46
A-7091 Breitenbrunn
Mob.: +43 (0)69911801956
www.romantikchalet.at

Weintipps
Weingut Hofbauer
Kirchengasse 17
A-7091 Breitenbrunn
Tel.: +43 (0)2683 5285
E-Mail: hofbauer.weingut@aon.at

Weingut Siegl
Josef Haydngasse 7
A-7091 Breitenbrunn
Tel.: +43 (0)2683 5276
http://www.sieglweine.at

Winzerhof Lichtenberger Gonzalez
Seestraße 42
A-7091 Breitenbrunn
Tel.: +43 (0)2683 2721
E-Mail: office@lichtenbergergonzalez.at
www.lichtenbergergonzalez.at

Kirsche

Jedes Jahr im April blühen in der Region Tausende von Kirschbäumen und begrüßen so den Frühling. Mehr als 15 verschiedenen Sorten von Kirschen werden hier in der Region zwischen Donnerskirchen und Jois kultiviert. Etwa seit dem 18. Jahrhundert geben die Bauern der Region ihr Wissen rund um den Anbau dieser allseits beliebten Steinfrüchte mit großer Begeisterung an ihre nachfolgenden Generationen weiter. Noch in der ersten Hälfte des letzten Jahrhunderts gab es in der Region über 40.000 Kirschbäume. Weinbauern pflanzten Kirschbäume zwischen den Reben in vielen Weingärten. Damit jedoch die Weingärten mit schwerem Gerät befahrbar wurden, mussten die Obstbäume weichen. Gott sei Dank gewinnt der Obstbau nach einem Rückgang in den letzten 30 Jahren immer mehr an Bedeutung zurück. In den letzten Jahren wurden wieder über 1.000 Bäume gepflanzt.
2008 wurde der Verein der Leithaberger Edelkirsche gegründet, und die Region ist mittlerweile eine der Genussregionen Österreichs. Ihre volle Blütenpracht zeigen die bis zu 30 Meter hohen Bäume mit ihren breiten Kronen und ausladenden Ästen etwa Mitte April, bei optimalen Witterungsverhältnissen bereits ab Ende März. Anschließend ist der Fleiß der Honigbienen gefragt. Etwa bis zum Juni dauert es, dann haben die Früchte ihre volle Reife erlangt und können per Hand vorsichtig von den Ästen gepflückt werden. Einen großen Teil der Ernte machen die Kirschen der Sorten Joiser Herzkirsche und Donnerskirchner Herzkirsche aus.
Zur Zeit der Ernte kann man die Kirschen bei Händlern – ganz besonders an der Ortsein- und -ausfahrt von Donnerskirchen – am Straßenrand kaufen. Aber auch verarbeitete Produkte, wie Kirschmarmelade, Säfte, Senf, Kirschwürste und -pasteten, Kirschessig u. v. m., werden in der Region hergestellt.

Walter Eipeldauer

Kirschen & Schnaps, Abfindungsbrennerei
Keltenweg 36, A-7082 Donnerskirchen | Tel.: +43 (0)676 9438826
E-Mail: eiwa@wum-kirschen.at | www.wum-kirschen.at
Qualitativ hochwertige Destillate und Frischkirschen von Mai bis Juli nach Vorbestellung: Kirschchutney, Edelbrand Herzkirsche, Edelbrand Weichsel, ...

Genussquelle
Prangerstraße 49, A-7091 Breitenbrunn
Tel.: +43 (0)2683 5202 oder +43 (0)664 6182296
E-Mail: office@genussquelle.at | www.genussquelle.at

Heurigenrestaurant „Der Schemitz" (siehe unter Donnerskirchen)

Fleischerei Sandhofer
Türkenstraße 1, A-7083 Purbach (mit vor allem Kirschwürsten und Pasteten) an der Hauptstraße (Ecklokal zur Kellergasse hin)

Kirschenveranstaltungen
Kirschenzauber: saisonaler Auftakt in die Gastronomiebetriebe der Genusswirte und Pannonischen Schmankerlwirte.
Kirschenmarkt in Breitenbrunn
Kirschenmarkt in Donnerskirchen
Kirschencocktail in Donnerskirchen
Kirschblütenfest in Jois
Kirschblütenwanderung von Donnerskirchen nach Jois
Hotterwanderung unterm Kirschblütenhimmel in Breitenbrunn

Rezepttipp

Kirschenstrudel

Zutaten:
6 Blätter frischer Strudelteig aus dem Kühlregal oder selbst gemacht
800 g Kirschen (entstielt und entkernt)
100 g Butter (oder Margarine)
50 g Nüsse (gerieben)
50 g Semmelbrösel
3 EL Zucker
Zimt (gemahlen)
Butter (oder Margarine zum Bestreichen)

Zubereitung:
Strudelblätter laut Verpackungsanleitung vorbereiten. Backrohr auf 180° C vorheizen. Semmelbrösel und Nüsse in Butter oder Margarine leicht anrösten, etwas abkühlen lassen. Vorsichtig mit den Kirschen vermengen. Die Hälfte der Kirschenfülle auf das untere Teigdrittel verteilen und mit Zucker und Zimt bestreuen. Seitenränder einschlagen, Strudel mithilfe des Küchentuches eng einrollen und mit der Nahtseite nach unten in eine befettete Kastenform legen. Mit zerlassener Butter oder Margarine bestreichen. Im vorgeheizten Rohr auf mittlerer Schiene ca. 20 Min. goldgelb backen. Vor dem Servieren mit Staubzucker bestreuen.

Birdwatching im Seewinkel

Vom Nationalparkzentrum um die Lange Lacke

Die Tour in Kürze

Jahreszeit:	Im Frühling, weil die Vögel zurückkommen und der Spargel reif ist
Tour:	Fahrrad
Streckenlänge:	ca. 25 km, eben, Asphalt, Schotter
Highlights:	Nationalparkzentrum Illmitz, viele verschiedene Lacken und als Höhepunkt die Umfahrung der Langen Lacke
Kulinarik:	Spargel direkt vom Bauern; die Toplokale Presshaus und Illmitzer u. a., Chilis vom Tschida u. v. m.

Birdwatching im Nationalpark

Der Seewinkel ist durch das pannonische Klima geprägt. Dies bedeutet, dass die Sommer heiß und niederschlagsarm und die Winter kalt und windig sind.

Ein Ausflug in diese Gegend empfiehlt sich vor allem im Frühling. Im Sommer kann man im Strandbad Illmitz baden gehen, Rad- und Wanderausflüge sind aber nur hitzeresistenten Ausflüglern empfohlen.

Im Frühling ist die Luft schon warm, und die Vögel kehren von ihren Winterquartieren im Süden zurück oder machen hier auf ihren Reisen in den Norden noch einmal Halt.

Hier kann man das Auto stehen lassen und sich vor dem Start noch Informationen im Nationalparkzentrum holen.
Vom Nationalparkzentrum fahren wir über eine kleine Holz-

Ende April beginnt die Spargelzeit und diese Spezialität sollte man sich nicht entgehen lassen! Die Tour startet am Nationalparkzentrum kurz vor Illmitz.

Spargel

brücke zum Radweg und fahren hier links Richtung Illmitz. In den Gässchen vom Illmitz ist die Radstrecke B20 gut beschildert bzw. am Boden angezeichnet. Nachdem wir Illmitz verlassen haben, fahren wir geradeaus zwischen Feldern zum Badesee Apetlon (wir folgen immer der Markierung B20 am Boden) und kommen hier auch bei der im Sommer meist ausgetrockneten „großen Neubruchlacke" vorbei. Hier folgen wir weiter den

Schildern bis zum Warmsee / Darscho.

Dieser See ist ca. 500 mal 1.000 Meter groß und ein absoluter Tipp für Ornithologen. Der See dient als Brut- und Rastplatz für viele Vogelarten, und man sollte sich auf eines der Bänkchen des Rast- und Badeplatzes setzen und dem Geschnatter und den Gesängen der Vögel lauschen!

Direkt beim Warmsee queren wir einmal die Straße und fahren auf dem Radweg weiter Richtung Lange Lacke.

Hier folgen wir weiter den Schildern des Radwegs vorbei an fünf Aussichtstürmen. Bei den nächsten Abzweigungen halten wir uns immer links, um die Lange Lacke zu umrunden! Der Weg folgt der Langen Lacke auf der Ostseite und kommt zwischen weiteren Lacken wieder zurück auf den B20.

Diesen folgen wir wieder am Warmsee / Darscho vorbei zurück zum Nationalparkzentrum in Illmitz.

Spargel

Nicht umsonst wird der Spargel auch das Königliche Gemüse genannt und war bis vor nicht allzu langer Zeit ein exklusives Vergnügen. Die Saison für den Spargel ist sehr kurz, und der Spargel muss täglich frisch gestochen werden, um auch taufrisch auf die Teller der Lokale zu kommen, und schmeckt sensationell. Er ist eine der ersten frischen Gemüsesorten nach dem Winter und wird von vielen ungeduldig erwartet.

Um den Spargel richtig genießen zu können, muss man zur richtigen Zeit am richtigen Ort sein. Der Spargelanbau konzentriert sich auf die Gegend um Illmitz und Podersdorf, wo die sandigen Böden optimale Voraussetzungen bieten.

Hauptsächlich wird hier grüner Spargel, der über der Erde wächst, geerntet (Weißspargel wird einfach nur geerntet, bevor die Triebe an die Oberfläche gelangen). Wenn man Spargel im Supermarkt kauft, wird nur zwischen weißem und grünem Spargel unterschieden. Selbstverständlich gibt es auch hier verschiedene Sorten. Die Bezeichnungen der Sorten klingen ein bisschen wie aus „Herr der

Ringe" entnommen und lauten „Gijnlim", „Grolim", „Cumulus" oder „Steiniva".

Spargel aus dem Seewinkel kann am besten in der regionalen Gastronomie genossen werden. Eines der nettesten Feste rund um Spargel und Weißwein wird in Donnerskirchen jährlich vom Weinquartett (Sommer, Bayer, Liegenfeld, Vintage Neumayer) veranstaltet: Weinfrühling des Weinquartetts – Wein und Spargel; meist im Mai jeden Jahres.

Spargelbauern

Michlits Robert
Hauptstraße 21
A-7151 Wallern i. Bgld.
Tel.: +43 (0)2174 2954
Spargel „ab Hof" von ca. Ende April bis Ende Mai

Ruttner Sepp
Florianigasse 18
A-7141 Podersdorf am See
Tel.: +43 (0)2177 2918

Hoffmann Franz
Erzherzog-Friedrich-Straße 30
A-7131 Halbturn
Tel.: +43 (0)2172 8055

Haider Andreas
Obere Hauptstraße 17
A-7142 Illmitz
Tel.: +43 (0)2175 2304

Spargel Caprese

Zutaten: Grüner Spargel, Mozzarella, Rucola, Olivenöl, Salz, Pfeffer

Zubereitung: Spargel in Salzwasser bissfest kochen und kurz abkühlen lassen. Danach Spargel auf Teller verteilen, geschnittenen Büffelmozzarella darüberlegen und mit Rucola bestreuen.
Mit Olivenöl beträufeln und mit Salz und Pfeffer würzen.

Nationalpark Neusiedler See Seewinkel

Nein, Österreich ist nicht überall das Land der Berge. Rund um Illmitz, wo sich das Zentrum des

Nationalparks befindet, sind die Berge gefühlte 1.000 Kilometer entfernt. Man fühlt sich dem Nationalpark von Amboseli in Afrika näher als dem der Hohen Tauern. Man würde sich nicht wundern, wenn plötzlich eine Elefantenherde über die Ebenen ziehen würde (große Rinderherden samt Büffel tun es ja tatsächlich wieder), und sollte sich die Zeit nehmen, um die Flora und Fauna des Nationalparks Neusiedler See etwas kennenzulernen.

Der Nationalpark wurde 1991 gegründet und ist mittlerweile rund 300 Quadratkilometer groß und zählt zu den artenreichsten Naturlandschaften Europas.

Hier finden sich rund 340 Vogelarten, darunter so klingende Namen, wie die Großtrappe oder der östliche Kaiseradler und selbstverständlich die Graugans, es gibt über 40 Säugetierarten (z. B. Ziesel, Iltis und Hamster) und viele Fische, Amphibien und Reptilien. Auch Unvermutetes, das man sonst eher aus Indiana-Jones-Filmen kennt, wie Tarantlen, die kleinere Subart der Steppentarantel allerdings, gehören zur Fauna der Steppengegend.

Das Zentrum des Nationalparks bildet natürlich der Neusiedler See. Durch den breiten Schilfgürtel, der das Wasser klärt, ist der See einer der saubersten Seen Österreichs. Der Schilfgürtel ist erst in der ersten Hälfte des letzten Jahrhunderts gewachsen. Erst die Düngemittel aus der Landwirtschaft, die in den See geflossen sind, ließen ihn entstehen.

Er bietet unzähligen Tieren Raum, um zu nisten, sich zu paaren, zu überwintern und zu leben.

Der Wasserstand des Sees regelt sich durch Niederschlag und Verdunstung und schwankt dementsprechend stark von Jahr zu Jahr, aber auch von Monat zu Monat. Die maximale Wassertiefe liegt bei 1,8 Metern. Es hat schon Jahre gegeben, in denen der See praktisch ausgetrocknet war (etwa nahezu 10 Jahre lang kurz vor der Wende zum 20. Jahrhundert), die Fläche des Sees war aber auch schon doppelt so groß.

Es gibt zwar ein paar kleinere Zuflüsse, wie die Wulka oder den Wolfsbrunnenbach, diese haben aber auf den Wasserpegel des großen Sees nur wenig Einfluss. Der See hat auch keinen natürlichen Abfluss, er verliert am meisten Wasser durch Verdunstung oder weil der Wind das Wasser in das Schilf treibt, das dort sofort von den Pflanzen aufgesogen wird.

In Zeiten, in denen der Wasserstand sehr hoch ist, kann das Wasser durch den künstlichen Einserkanal (an der österreichisch-ungarischen Grenze bei Pamhagen) abgelassen werden.

Neben dem Neusiedler See gibt es im Seewinkel unzählige Lacken, die zum Nationalpark gehören. Eigentlich sind diese Lacken auch kleinere Seen, die meist nur bis zu 50 Zentimeter tief werden. In heißen Sommern mit wenig Niederschlag trocknen viele von den Lacken auch aus. Die Lacken haben wie

der See keine Verbindung zum Grundwasser, keinen Abfluss und sind salzhaltig. Im Hochsommer, wenn es sehr heiß ist, sieht man immer wieder weiße Flecken in gen soll. Viele Hinweisschilder weisen darauf hin, dass man die Wiesen nicht betreten darf. Dass man keinen Lärm macht, die Tiere nicht berührt und kei-

Schilf nach der Ernte

der Landschaft, wo im Winter Lacken waren.

Auf diesem Untergrund wachsen natürlich ganz besondere Pflanzen, wie Gräser, Orchideen, und Salzspezialisten, wie Salzkresse oder Strand Melde.

Wenn man durch den Nationalpark fährt, muss man bedenken, dass die Ökosysteme sehr sensibel sind und dass man sich hier so vorsichtig wie möglich bewe-

nen Müll hinterlässt, sollte eine Selbstverständlichkeit (auch außerhalb eines Nationalparks) sein.

Schilfbewirtschaftung

Nur ein Anteil von rund 10 Prozent des Schilfwuches wird auch wirtschaftlich genutzt. Es gibt nur wenige Betriebe, die diese Arbeit noch durchführen und beinahe 100 Prozent der Ernte gehen als Dachschilf in den Export. Die Betriebe der Esterházy-Stiftung zählen dabei zu den führenden Schilfverarbeitern.

Der Baustoff Schilf zeichnet sich durch viele Vorteile, wie gute Wärmeisolierung, gute Schalldämmung und hohe Wärmespeicherkapazität, aus.

Das Schilf wird mit großen Erntemaschinen am gefrorenen See abgeschnitten und zu Ballen gebunden. Das Schilf kann daher nicht jedes Jahr optimal geerntet werden, da tragfähiges Eis und gutes Wetter nötig sind um mit den Geräten das Schilf zu ernten.

Nationalparkzentrum Illmitz

Das Informationszentrum des Nationalparks befindet sich am Ortsrand von Illmitz und wurde 1996 eröffnet. Jährlich besuchen es ca 40.000 Menschen. Es gibt hier Programme für Schulklassen genauso wie hochklassige Veranstaltungen für Biologen aus der ganzen Welt.

Im Winter zumindest einmal in der Woche, in der warmen Zeit fast täglich werden vom Zentrum aus Touren in den Nationalpark geführt.

Bei den Touren sollte man sich vorher anmelden, auf der Homepage kann man das Programm downloaden oder bestellen.
www.nationalpark-neusiedlersee-seewinkel.at

Radverleihe an der Strecke
Fahrradverleih & Service Mürner
Friedhofgasse 5
A-7142 Illmitz
Mob.: +43 (0)6506022709
E-Mail: office@radverleih.at
www.radverleih.at

Fahrradverleih Johannes-Zeche
Florianigasse 10
A-7142 Illmitz
Tel.: +43 (0)2175 2335
E-Mail: office@johannes-zeche.at
www.johannes-zeche.at/fahrradverleih.html

Orte an der Tour

Illmitz

Illmitz liegt tief in der pannonischen Ebene des Seewinkels nahe der Grenze zu Ungarn. Der Ort hat ca. 2.400 Einwohner und ist der am tiefsten gelegene Ort Österreichs und auch eine der größten Tourismusgemeinden am See (der niedrigste Punkt Österreichs liegt aber in der Nachbargemeinde Apetlon und beträgt 113,5 Meter).

Bis zum Fall des Eisernen Vorhangs waren die Orte des Seewinkels das Ende der bekannten Welt. Durch den Neusiedler See auf der einen und der befestigten Grenze auf den beiden anderen Seiten waren diese Ortschaften sehr isoliert und abgeschieden. Es gab kurz sogar den Plan, eine Brücke über den See zu bauen, um die Gemeinden besser an das Straßennetz anzuschließen, da die Orte so schlecht erreichbar waren. Gott sei Dank wurde dieser Plan nie durchgeführt. Illmitz und seine Bewohner haben sich durch die Lage ihre Ursprünglichkeit und Eigenheiten bewahren können.

Illmitz ist heute ein moderner Ort, der durch den Weinbau, den Tourismus und den Nationalpark geprägt ist. Die Bauernhäuser sind Streckhöfe, und einige Häuser sind sogar noch mit Schilf gedeckt. In den 1950er-Jahren gab es einen großen Brand, bei dem ganze Gassen mit schilfgedeckten Häusern abgebrannt sind.

Das älteste Gebäude ist der Zwerchhof, ein Bauernhaus, das unter Denkmalschutz steht. In Illmitz gibt es auch einige Storchenpaare, die auf den Dächern der Häuser ihre Nester haben.

Illmitz hat auch eine eigene Heilquelle. Anfang der 30er-Jahre des letzten Jahrhunderts wurde 188 Meter tief gegraben, um von dort das Wasser in die Höhe zu pumpen. Die St.-Bartholomäus-Quelle wurde als Heilquelle anerkannt und wird für Trinkkuren bei Magen- und Darmerkrankungen empfohlen.

Strandzugang

Das Strandbad ist vom Zentrum des Orts ca. 5 Kilometer entfernt. Bei Sonnenschein und Wind empfiehlt sich ein Spaziergang zu Fuß über den ebenen, der Sonne ausgesetzten Weg nicht unbedingt. Mit dem Fahrrad ist man jedoch schnell beim Strandbad und kann am Weg dorthin zwischen den Lacken rechts und links noch einen schönen Eindruck des Nationalparks mitnehmen.

Das Strandbad selbst ist sehr schön. Am Ufer befindet sich feinster Sand, und die Liegewiese ist meist ausreichend groß und gut beschattet. Für Kinder gibt es einen eigenen abgesonderten Bereich, zwei Spielplätze und einen Minigolfplatz.

Im Illmitzer Bad gibt es auch genügend gastronomisches Angebot mit Pizzeria, Selbstbedienungsrestaurant, Cafés und Eisdielen.

Auch die Fähren nach Mörbisch, Fertőrákos und Rust fahren vom Strandbad weg.

Pferdewagenfahrten

Typisch in Illmitz sind auch die Ausflüge durch den Nationalpark mit dem Pferdeanhänger. Wenn man ohne Fahrrad in der Gegend unterwegs ist, bietet sich dieses Fortbewegungsmittel nahezu an, da die Strecken für Fußmärsche oft zu weit sind.

Die Pferdewagen haben ein Dach und sind daher auch bei sehr sonnigem Wetter bzw. leichtem Regen für Ausfahrten geeignet.

Es gibt viele verschiedene Anbieter von Pferdewagenfahrten, die Standardrundfahrten anbieten, mit denen man aber auch individuell Ziele und Touren vereinbaren kann.

Reiterweingut Alois Frank
Sandgasse 1
A-7142 Illmitz
Tel.: +43 (0)664 4125707
E-Mail: frank@reiterweingut.at
www.reiterweingut.at

Kutschenfahrten-Kutschenhof Gerhard Gangl
Ufergasse 34
A-7142 Illmitz
Tel. / Fax: +43 (0)2175 2382
E-Mail: office@kutschen-gangl.at
www.kutschen-gangl.at

Kutschenfahrten Vinzenzhof Gangl
Untere Hauptstraße 13
A-7142 Illmitz
Tel. / Fax: +43 (0)2175 2277
E-Mail: info@vinzenzhof-gangl.at
www.vinzenzhof-gangl.at

Reiterhof-Pferdewagenfahrten Elfriede Mann
Seegasse 9
A-7142 Illmitz
Tel.: +43 (0)2175 2334
Fax: +43 (0)2175 2334-4
E-Mail: reiterhof.mann@ausreiten.at
www.ausreiten.at

Kulinariktipps
Illmitzer

Wenn man das Illmitzer betritt, wirkt das Lokal auf den ersten Blick eher nüchtern und lässt nicht erwarten, was hier auf die Teller kommt. Das hat nämlich höchstes Niveau!

Auf der Speisekarte finden sich neben regionalen Fischspezialitäten auch köstliche Fleisch- und Nudelgerichte sowie hausgemachte Nachspeisen – großteils zubereitet mit dem Besten, was Österreichs Genussregionen, wie die Neusiedler See-Fische, das Pannonische Mangalitzaschwein, das Steppenrind oder die Leithaberger Edelkirsche, zu bieten haben. Das Preis-Leistungsverhältnis ist hier absolut top! Vorspeisen gibt es ab 3,50 Euro!

Christa & Pauli Haider
Sandgasse 16
A-7142 Illmitz
Tel. / Fax: +43 (0)2175 2147
E-Mail: haider@illmitzer.com
www.illmitzer.com

Gasthaus Zentral

Vor 57 Jahren kaufte der Großvater des heutigen Besitzers das Gasthaus. Dies war nur möglich, weil sein reicher Bruder aus Kanada den benötigten Geldbetrag zur Verfügung stellte. Seit dieser Zeit wird im Zentral wieder gekocht.

Der Familienbetrieb setzt sich für regionale sowie für saisonale

Küche ein. In der Sommerhitze wird zwar auch leicht gekocht, die Spezialitäten der Puszta, wie das Steppenrind, das Mangalitzaschwein oder der Burgenländische Krautstrudel, werden aber ebenso angeboten.
Die Laube im ruhigen Gastgarten spendet Schatten und lädt zum längeren Sitzen ein.
Obere Hauptstraße 1
A-7142 Illmitz
Tel.: +43 (0)2175 2312
www.arkadenhof-illmitz.bnet.at

Presshaus Illmitz
Das von Gault Millau mit einer Haube ausgezeichnete Lokal legt Wert auf regionale Produkte

und bietet pannonische Gerichte aus der Gegend an. Es gibt einen netten Gastgarten im Innenhof unter einem Baum und ein paar Tische draußen vor dem Lokal Richtung Straße wo es sich sehr gemütlich und entspannt speisen lässt. Im Innenbereich gibt es zwei getrennte Räume und einen Gewölbekeller.
Auf der Karte stehen Gänse, Zander, Ente und viele andere Spezialitäten aus der Region bodenständig doch verfeinert. Einfach hingehen!
Apetlonerstraße 13
A-7142 Illmitz
Tel.: +43 (0)2175 2730
www.presshaus.com

Gowerl-Haus
Alois Vegh und die Brüder Michael und Alois Kroiss züchten Mangalitzaschweine, erzeugen Wein und bewirtschaften den Heurigen in diesem Gebäude aus dem 19. Jahrhundert. Die Eigentümer haben sich ganz dem lokalen Genuss verschrieben, dementsprechend geprägt ist auch die Speisekarte. Es gibt auch einen kleinen Shop, in dem man Mangalitzaprodukte aus der eigenen Erzeugung (z. B. hervorragenden „Leberkaas" (hier die übliche Bezeichnung für einen Leberaufstrich)) und Produkte von befreundeten Bauern aus der Umgebung kaufen kann. Atmosphäre und Kulinarik ergänzen sich zu ordentlichem Genuss. In der Adventzeit findet an den Wochenenden auch jeweils ein netter Weihnachtsmarkt mit großer Auswahl an regionalen Produkten statt. Zu Ostern findet ein inte-

ressanter Ostermarkt im Gowerl-Haus statt.
Apetlonerstraße 17
A-7142 Illmitz
Tel.: +43 (0)2175 26377
www.gowerlhaus.at

Fleischerei Karlo
Der bekannte Fleischhauer aus Pamhagen hat hier eine Filiale, in der er seine Produkte aus Steppenrindern und Mangalizaschweinen verkauft.
Söldnergasse 20
A-7142 Illmitz
Tel.: +43 (0)2175 24080
E-Mail: fleischerei.karlo@aon.at

Tschida Chili
Die Familie Tschida ist Spezialist im Chilianbau. Hier kann man die Früchte frisch, getrocknet oder verarbeitet in Saucen und Pasten kaufen. 1200 Chilipflanzen zählt die Zucht mittlerweile.
Grabengasse 29
A-7142 Illmitz
www.tschidachili.at

Wohntipps
Hotel Nationalpark
Das 4-Sterne-Hotel bietet Komfort und Service auf hohem Niveau. Modern und geschmackvoll eingerichtet, gute Ausstattung.
Hotel Nationalpark GmbH
Apetloner Straße 56
A-7142 Illmitz
Tel.: +43 (0)2175 3600
www.hotel-nationalpark.com

Weingasthof Rosenhof
Der wunderschöne Rosengarten wurde zu den schönsten Gastgärten des Burgenlandes gekürt. Das Hotel ist modern und geschmackvoll mitten im Zentrum von Illmitz.

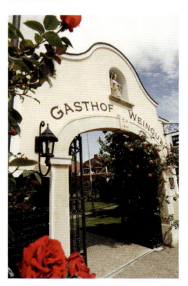

Ein Restaurant und Eigenbauweine runden das Angebot ab.
Florianigasse 1
A-7142 Illmitz
Tel.: +43 (0)2175 2232
www.rosenhof.cc

Weintipps
Es ist fast vermessen, in Illmitz Weintipps geben zu wollen, da die Menge an guten Weinbauern viel zu groß ist.
Trotzdem hier ein paar ausgewählte Tipps

Weinlaubenhof Kracher

Apetloner Straße 37
A-7142 Illmitz
Tel.: +43 (0)2175 3377
E-Mail: office@kracher.at
www.kracher.at
Alois Kracher ist sicher eine Legende im österreichischen Weinbau. Das für den Süßwein bekannte Weingut wird nun von seinem Enkel geführt.

Salzl Seewinkelhof

Zwischen den Reben
A-7142 Illmitz
www.salzl.at

Hans Tschida Angerhof

Angergasse 5
A-7142 Illmitz
Tel.: +43 (0)2175 3150
Fax: +43 (0)2175 3150-4
E-Mail: weingut@angerhof-tschida.at
www.angerhof-tschida.at
Vielfach prämierte Süßweine.

Burg Forchtenstein

Tour 4

Die Tour in Kürze

Jahreszeit: Im Frühling, weil die Erdbeeren reif sind!
Tour: Besichtigung
Highlights: Führungen auf der Burg Forchtenstein
Kulinarik: Erdbeeren

Die Burg Forchtenstein ist eines der wichtigsten Wahrzeichen des Burgenlandes und de facto auch eine der wenigen bedeutenden Burgen des Bundeslandes. In der Region rund um den Neusiedler See ist sie auf burgenländischer Seite die einzige mittelalterliche Festung.

Schon von Weitem sieht man die beeindruckende Trutzburg auf dem Hügel stehen und kann verstehen, warum diese Burg nie eingenommen werden konnte. Im Jahr 1300 wurde sie im Rosaliengebirge errichtet und diente vor allem in den Türkenkriegen als Bollwerk gegen den Osten.

Die Burg ist seit 1622 im Besitz der Familie Esterházy und ist in den letzten Jahrhunderten immer wieder verändert und erweitert worden. Das Hochschloss ist unter Paul I in der zweiten Hälfte des 17. Jahrhunderts entstanden.

Danach wurde es aber hauptsächlich als Tresor für die Kostbarkeiten der Familie ausgebaut und verwendet. In den gut gesicherten Räumen und zwischen den dicken Mauern finden sich Schätze, die einen Besuch wert sind! Unter den vielen Gemälden sticht vor allem eines hervor: Vlad Dracul, der als Vorlage für den berühmtesten aller Vampire diente: Graf Dracula. Die Familie hat sich diesen neben Attila, dem Hunnenkönig, als Verwandten „ausgesucht".

Neben den jährlichen Sonderausstellungen sind auch die klassischen Elemente der Burgführung, wie die riesige Waffenkammer, der Folterkeller und die 142 Meter tiefe Zisterne, beeindruckend und interessant.

Bei der Führung durch die Schatzkammer, die Ende des 17.

Jahrhunderts gebaut wurde, erlebt man eine einzigartige Kunst- und Wunderkammer. Die Schätze und Kuriositäten waren durch komplizierte Sperrmechanismen gut geschützt. Es gibt hier exotische Tierpräparate, wertvolle Uhren und seltsame Apparate zu besichtigen.

Auf Burg Forchtenstein gibt es sowohl für Erwachsene als auch für Kinder schöne und kurzweilige Führungen.

Orte an der Tour

Forchtenstein

Obwohl man nur einige wenige Minuten auf der Schnellstraße von Eisenstadt nach Forchtenstein fährt, hat sich die Umgebung radikal geändert. Der Ort wirkt nicht pannonisch wie die anderen Orte. Hier findet man steile Hügel und Täler, der Ort liegt zwischen 300 und 700 Metern. Hübsch ist im Zentrum des Ortes die Pfarrkirche mit dem angebauten Servitenkloster, die gemeinsam mit der Rosaliakapelle ein wichtiges Ziel für Wallfahrer ist.

Badesee Forchtenstein

Der Badesee in Forchtenstein ist sehr gut beschildert und befindet sich in einem kleinen Tal neben dem Ort. Da sich der See in einem kleinen Tal mit Wald befindet, gibt es genügend Schattenplätze. Es gibt hier einen kleinen Spielplatz und auch Gastronomie. Ein kleiner, aber feiner Badesee (kostenpflichtig).

Fleischerei Gebhard

Wenn man gerne bei einem echten Fleischhauer einkaufen möchte, der noch selber wöchentlich Lämmer, Schweine und Rinder schlachtet, ist man hier richtig. Ein mit Liebe geführter Betrieb, bei dem man immer noch ein paar Schmankerl fürs Wochenende mit nach Hause nehmen kann.
Hauptstraße 62
A-7212 Forchtenstein
Tel.: +43 (0)2626 6312
E-Mail: office@fleischerei-gebhardt.at
www.fleischerei-gebhardt.at

Rosaliakapelle

Die Wallfahrtskapelle liegt auf 748 Metern Höhe und bietet eine beeindruckende Aussicht über das Rosaliengebirge und über den Neusiedler See bis nach Ungarn. Die Kapelle selbst ist jedoch meist abgeschlossen und nur nach Messen geöffnet.
Man kann bis zur Kapelle hin mit dem Auto fahren und 100 Meter darunter parken oder den Pilgerweg von der Burg nach oben wandern und sich den Ausblick mit Schweiß verdienen. Von der Burg Forchtenstein dauert der Aufstieg ungefähr 1,5 Stunden, um die 250 Höhenmeter zu überwinden. Der Weg ist durchwegs gut beschildert und kann direkt am Parkplatz vor der Burg gestartet werden.

Kulinariktipp
Heurigenrestaurant Schreiner

In der Auszeit Schreiner werden Blunzen und Geselchtes auch in der eigenen Fleischerei zubereitet. Die Fleischhauerei wurde mehrfach national sowie auch international ausgezeichnet. Kosten Sie die Presswurst!
Hauptstraße 31
A-7212 Forchtenstein
www.auszeitschreiner.at

Wiesener Ananas-Erdbeeren

„Ananas" heißen die süßen Früchte hier, die im Rest von Österreich als Erdbeeren bekannt sind. „Die Runde", „die Madlische" oder „Paradeiser" sind einige der alten Ananassorten, die in der Region Rosalia um Wiesen seit über 100 Jahren gezüchtet werden. Die Region umfasst nicht nur die Gemeinde Wiesen, sondern auch Bad Sauerbrunn, Forchtenstein, Marz, Mattersburg, Neudörfl, Pöttelsdorf, Schattendorf und Sigleß. Aufgrund der nährstoffreichen Böden und milden Klimabedingungen weist das beliebte Sommerobst ein besonders vollmundiges Aroma auf.

Die Ernte beginnt Ende Mai und dauert den ganzen Juni an.

Schon in den 20er-Jahren des letzten Jahrhunderts

gab es eine Erdbeerversuchsanstalt, und in den 50er-Jahren wurden erneut Versuchsfelder in Wiesen angelegt, um Neuzüchtungen, Düngung und Schädlingsbekämpfungsmethoden zu erproben.
Die Erdbeere als beliebteste Beere ist eigentlich keine Beere, sondern ein Rosengewächs, und es gibt viele verschiedene Sorten.
Die meisten Erdbeeren werden natürlich über den Handel verkauft. Einige Bauern verkaufen jedoch auch frische Erdbeeren und Produkte

aus der Frucht „ab Hof". Einige wenige fahren auch mit dem Wagen die angrenzenden Gemeinden ab und verkaufen die Früchte aus dem Auto. Wenn der „Erdbeermau" dann da ist, ruft er laut „Ananas haumma do", um sein Produkt zu bewerben.
„Ab Hof"-Verkauf gibt es z. B. bei:

Obstladen der Familie Koch
Forchtenauerstraße 4 | A-7203 Wiesen
www.obstgartenkoch.at
Familie Koch baut nicht nur Erdbeeren, sondern auch viele andere Obstsorten, Beeren, Früchte und Gemüse an, erzeugt daraus Marmeladen, Säfte, Schnäpse und mehr. Auch Selbstpflücken von Erdbeeren und Äpfeln ist möglich.
Ein mehrfach ausgezeichneter Betrieb, der einen Besuch wert ist!

Biohof Preisegger
Hauptstraße 21 A | A-7203 Wiesen
Tel. / Fax: +43 (0)2626 81615
Mob.: +43 (0)6769334702
E-Mail: office@biopreisegger.at
www.biopreisegger.at
Der Biohof Preisegger wirtschaftet seit 25 Jahren biologisch und offeriert ein breites Angebot an Produkten.

Die Genussquelle – Genussquelle Rosalia GmbH
Schulstraße 14 | A-7202 Bad Sauerbrunn
E-Mail: info@die-quelle.at
www.vinothek-greisslerei.at
Das beeindruckende moderne Gebäude in Bad Sauerbrunn beinhaltet eine Vinothek und eine Greißlerei, in der man Produkte aus den Genussregionen (Kirschen, Erdbeeren, Kräuter u. v. m.) kaufen kann und wo man auch kleine Schmankerl essen kann.

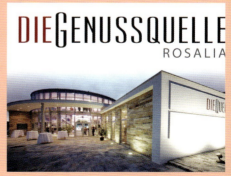

Jazz, Blues, Reggae, Rock & Alternative – Festivalgelände Wiesen

Seit mehr als 30 Jahren besteht das Festivalgelände in Wiesen und ist Veranstaltungsort für viele verschiedene Festivals und für die Zuschauer komfortabel ausgebaut.
Die Bühne befindet sich am tiefsten Punkt des Geländes, sodass man von allen Seiten sehr gut sehen und hören kann. An den Hängen stehen Bäume, zwischen denen die Besucher Hängematten aufhängen und so in sehr entspannter Atmosphäre Livemusik erleben können.
Die Bühne und der Platz davor sind überdacht mit einer riesigen

Stahlkonstruktion, die 4.000 Menschen Schutz vor Regen und Sonne bietet und trotzdem den Zuschauern, die außerhalb stehen, nicht die Sicht nimmt. Ungefähr 8.000 Besucher haben auf dem Festivalgelände Platz. Am Gelände angeschlossen ist ein Campingplatz.
Die Gastronomiebetriebe sind in festen Gebäuden untergebracht und gut organisiert, und es gibt relativ viele Sitzplätze, sodass man im Vergleich zu anderen Open-Air-Locations entspannt essen kann.
In Wiesen finden viele verschiedene Festivals und Konzerte statt, hier hat ein Urban-Art-Festival neben Rockkonzerten und Reggae Platz. Jeden Sommer treten hier namhafte Künstler aus den verschiedensten Musikrichtungen auf.

Reptilienpark Forchtenstein

Gleich neben der Burg ist der Eingang zum Reptilienzoo der Familie Polaschek. Wer eine Stunde Zeit hat, sollte sich die kleine, aber feine Reptiliensammlung nicht entgehen lassen. Hier finden sich die schwarze und grüne Mamba genauso wie seltene australische Schlangen und große Anacondas, auch eine feine Auswahl von Vogelspinnen ist hier zu sehen. Zusätzlich kann man Tiere streicheln oder bei der Fütterung von Schlangen oder Krokodilen zusehen.
Melinda-Esterházy-Platz 6
A-7212 Forchtenstein
www.reptilienzoopolaschek.com

Mit dem Rad zum Surfweltcup

Weiden - Podersdorf

Tour 5

Die Tour in Kürze

Jahreszeit:	Im Frühling, weil der Surfweltcup stattfindet.
Tour:	Fahrrad
Streckenlänge:	ca 18 km, eben, Asphalt, Schotter
Highlights:	Aussicht auf die Zitzmannsdorfer Wiesen und den Neusiedler See, Surfweltcup in Podersdorf
Kulinarik:	„ab Hof"-Shops in Podersdorf, prämiertes Lokal „Zur Dankbarkeit"

Die Weltcup-Wettbewerbe im Surfen und Kite-Surfen finden immer in Podersdorf an den ersten beiden Wochenenden im Mai statt. Diese Veranstaltungen sind auf jeden Fall einen Besuch wert. Das Strandbad Podersdorf verwandelt sich an zwei Wochenenden in eine coole Destination mit schönen Leuten, tollen Sportlern und spektakulären Surfstunts. Entlang des Strandes gibt es Shops mit Surferkleidung, coole Bars u. v. m.

Die Tour startet am Parkplatz des Seebads in Weiden. Es gibt dort schattige Parkmöglichkeiten, um die Radtour nach Podersdorf zu starten.

Von Weiden folgt man den Schildern der B10 nach Podersdorf. Man fährt einige Kilometer durch die Zitzmannsdorfer Wiesen und erhält immer wieder schöne Ausblicke auf den See, da der Radweg einige Meter über dem Seeniveau verläuft.

Die Zitzmannsdorfer Wiesen ha-

spruchsvoll. Manchmal ist aber relativ viel Radverkehr, sodass es Sinn macht, die Tour am Vormittag zu machen, wenn noch weniger los ist.

Von Podersdorf zurück fährt man wieder dieselbe Strecke nach Weiden.

ben ihren Namen vom Ort Zitzmannsdorf, der 1529 im Türkenkrieg zerstört wurde. Seeseitig findet man Salzfluren und Schilfflächen, landseitig wechseln sich Halbtrockenrasen mit wechselfeuchten Wiesen ab. Für Botaniker gibt es hier vieles zu entdecken. Im Seevorgelände sorgt auch eine Rinderherde für die Pflege der Wiesen. Wie in allen Nationalpark-Bewahrungszonen gilt auch hier das Wegegebot, d. h. die markierten Wege dürfen nicht verlassen werden.

Die Strecke zwischen Weiden und Podersdorf ist ca. 9 Kilometer lang und nicht sehr an-

Radverleih an der Strecke

Pension Seepanorama
Sportplatzgasse 1a
A-7121 Weiden am See
Tel.: +43 (0)2167 7334

Radverleih Enzo`s Bistro
Sportplatzgasse 4
A- 7121 Weiden am See
Tel.: +43 (0)2167 70260
www.enzosbistro.at

nextbike.at
Bahnhof Weiden
A- 7121 Weiden am See
Tel.: +43 (0)1 3190254

Radsport Waldherr
Hauptstraße 42
A-7141 Podersdorf
Tel.: +43 (0)2177 2297
www.radsport-waldherr.at

Radverleih Erwin
Katharinenweg 2
A-7141 Podersdorf
Tel.: +43 (0)2177 2373

Mike´s Radverleih
Strandgasse 9
A-7141 Podersdorf
Tel.: +43 (0)2177 2411
www.mikes-bike.at

El Porado
An der Promenade 2
A-7141 Podersdorf
Tel.: +43 (0)676 4056628

nextbike.at
An der Promenade vor dem
Platz der Radchampions
A-7141 Podersdorf
Tel.: +43 (0)1 3190254

Tour 5

Orte an der Tour

Weiden

Weiden ist mit Neusiedl und Podersdorf das Touristenzentrum an der Nordseite des Sees. Weiden und Podersdorf sind das Mekka der Surfer und Kite-Surfer, die von weit her kommen, um die perfekten Wind- und Wasserverhältnisse auszunutzen. Das zweite wichtige wirtschaftliche Standbein neben dem Tourismus ist der Wein. Im Südosten des Ortes liegt ein Kellerviertel mit Erdkellern.

Ein paar Weinkeller finden sich auf dem kleinen Hügel über dem Ort und auch verstreut zwischen den Weingärten in Richtung Neusiedl.

Der Ort hat eine lange Geschichte und besteht schon seit 1338, hat jedoch durch die rege Bautätigkeit in den 50er-Jahren des letzten Jahrhunderts etwas vom ursprünglichen Charme verloren.

Es ist jedoch ein moderner und schöner Ort, in dem man als Sportler und Genießer voll auf seine Kosten kommt.

Seezugang

Der Seezugang in Weiden ist gut ausgebaut, sehr sympathisch und gut mit dem Auto erreichbar. Gleich vor dem Strandbad gibt es einen großen Parkplatz.

Es gibt hier jegliche Strandinfrastruktur, die für einen schönen Strandtag nötig ist. Es gibt zwei Surf- und Segelschulen, Bars am Strand und zwei Restaurants, außerdem einen großen Kinderspielplatz. Man kann sich beim Kiosk Liegen ausborgen. Die Mini-Max-Freizeitanlage (www.mini-max-freizeitparks.at) bietet hier auch Attraktionen für die kleinen Gäste, wie Trampoline und einiges mehr.

Gasthaus Steckerlfisch

Schon seit den 1960er-Jahren besteht das Gasthaus Steckerlfisch in Weiden, und obwohl die über Holzkohle gegrillte Makrele aus dem Norden kommt, hat sich das Lokal hier perfekt eingefügt.
Untere Hauptstraße 86
A-7121 Weiden am See
Tel.: +43 (0)2167 7748
www.steckerlfisch.at

Kulinariktipps
Zur Blauen Gans
A-7121 Weiden am See
Tel.: +43 (0)2167 46439
www.zurblauengans.at

Das Lokal hat eine schöne Terrasse, von der man zwar nicht direkt auf den offenen See, aber auf den Hafen und das Schilf blicken kann. Das Essen ist ausgezeichnet, die Küche kreativ und leicht, der Service gut und die Atmosphäre entspannt.
Wenn das Wetter schön ist, am Wochenende unbedingt reservieren!

Strandbar Weiden

Die Strandbar liegt hinter dem Restaurant Zur Blauen Gans direkt am See und ist ein Ort, an dem man sich zwischen schönen jungen Menschen bei guten Getränken schicke entspannen kann. Die Atmosphäre ist betont cool. Das Lokal ist mit den verschiedenen Liege- und Sitzmöglichkeiten sehr geschmackvoll und schön angelegt. Ein absoluter Tipp zur Entspannung nach der Anstrengung der Radtour.

Abendstimmung am See in Weiden

Brot und Gebäckshop Horvath
Raiffeisenplatz 12
A-7121 Weiden am See
Tel.: +43 (0)699 81357527
E-Mail: horvath.manfred@gmx.at
Der Brot- und Gebäckshop Horvath liegt direkt an der Durchfahrtsstraße, und man sollte hier auf jeden Fall stehen bleiben. Hier gibt es neben frischem Gebäck noch vieles mehr zu entdecken, und zwar täglich frisches Gemüse der Saison und auch viele andere Produkte aus der Region, wie Eier, Nudeln, Marmeladen, Käse und Würste. Absoluter Tipp!

Wohntipps
Siebenbrüderhof
Ein hübscher weiß gekalkter Streckhof für zwei Personen an der Straße zum See, hier wohnt man typisch burgenländisch!
Markt 51-53
A-7121 Weiden am See
Tel.: +43 (0)676 9574242
E-Mail: Arch.gb@aon.at

Winzerhof Kazda
Ein weiterer gut erhaltener Streckhof mitten im Zentrum mit romantischen geschmackvoll eingerichteten Zimmern und wunderschönem Innenhof.
Markt 11
A-7121 Weiden am See
Tel.: +43 (0)2231 62997
E-Mail: info@urlaub-am-winzerhof.at
www.urlaub-am-winzerhof.at

Hoteldorf Seepark Weiden
Dieses Hotel liegt direkt am See, es ist ein bisschen angeordnet wie ein Dorf. Jede Wohneinheit ist ein eigenes Häuschen.
Seepark Weiden
A-7121 Weiden am See
www.seepark.at
E-Mail: welcome@seepark.at

Weintipps
Der Fuhrmann
Friedhofgasse 1
A-7121 Weiden am See
Tel.: +43 (0)2167 7619
E-Mail: info@derfuhrmann.at
www.derfuhrmann.at

Weingut Thomas Hareter
Untere Hauptstraße 73
A-7121 Weiden am See
Tel.: +43 (0)2167 7612
E-Mail: weingut@hareter.at
www.hareter.at

Weingut Wandler
Neubaugasse 9
A-7121 Weiden am See
Tel.: +43 (0)2167 7004
Fax: +43 (0)2167 7004-22
E-Mail: info@wandler.at
www.wandler.at

Podersdorf

Podersdorf ist der einzige aller Orte mit Seezugang, dessen Wohngebiet auch direkt am Neusiedler See gelegen ist, und es ist das Zentrum des Wassersports. Egal, ob Schwimmen, Surfen, Segeln, Stand-up-Paddling, Eislaufen, Eissegeln, hier findet jeder seine bevorzugte Wassersportart. Aber auch der Reitsport und natürlich das Radfahren haben hohe Bedeutung, und es wird eine breite Infrastruktur für diese Sportarten geboten.

Podersdorf ist mit deutlich mehr als 400.000 Nächtigungen (davon rund ein Drittel aus dem Ausland) pro Jahr auch die größte Tourismusgemeinde der gesamten Region.

Hauptanziehungspunkt des Ortes sind nicht so sehr kulturhistorische Denkmäler, sondern ist ganz klar der direkt im Ort gelegene Seezugang mit dem gleich auch längsten Strand des Sees. Der Ort selbst ist ein lang gezogener Weinort, der am besten mit dem Rad zu erkunden ist. Am Ortsrand von Podersdorf (Hauptstraße 10) befindet sich eine schindelgedeckte, rund 15

Meter hohe Windmühle, die seit 1847 in Privatbesitz ist, jedoch von Mai bis Oktober jeweils Montag bis Samstag um 19:00 Uhr oder gegen Voranmeldung besichtigt werden kann. Die Windmühle wurde um ca. 1800 errichtet und ist eine von lediglich noch zwei voll betriebsfähigen Windmühlen Österreichs (die zweite befindet sich in Retz).

Das zweite Wahrzeichen des Ortes ist der 12 Meter hohe Leuchtturm, der zur Orientierung für Segler und Surfer am See sowie zur Sturmwarnung errichtet wurde. Der Leuchtturm steht an der Spitze des Hauptsteges, der auch die beiden weitläufigen Strandabschnitte teilt.

Das Strandbad

Das Strandbad in Podersdorf ist das größte aller Strandbäder am Neusiedler See. Es ist 1,4 Kilometer lang, gliedert sich in zwei große Strandabschnitte, die vom Hauptsteg, der weit in den See hineinragt und an dessen Spitze sich der Leuchtturm befindet, und bietet alles, was ein modernes Strandbad bieten soll und kann.

Für alle am See ausübbaren Sportarten gibt es Schulen und Verleihstationen: Surfen, Kite-Surfen, Segeln, Stand-up-Paddling, Tretboote, Elektroboote.Für Spaß und Abwechslung sorgen auch ein kleiner Fun-Park, eine Minigolfanlage, mehrere Beach-Volleyballplätze und natürlich eine gute Infrastruktur und Spielplätze für Kinder.

Das Gastronomieangebot direkt im Strandbad oder gleich dahinter ist breit und bietet vom Frühstück bis zum Sun-Downer-Drink für jede Gelegenheit etwas.

Kulinariktipps
Gasthaus Zur Dankbarkeit
Hauptstraße 39
A-7141 Podersdorf
Tel.: +43 (0)2177 2223

Das Gasthaus Zur Dankbarkeit von Josef Lentsch ist in kulinarischer Hinsicht klar das erste Haus am Platz. Das Lokal ist in einem schönen alten Wirtshaus mit wunderbarem Garten untergebracht. Die Küche ist von

Gault Millau mit einer Haube ausgezeichnet. Geboten werden regionale Küche und typische Hausmannskost, verfeinert und auf höchstem Niveau zubereitet. Produkte aus der Region haben oberste Priorität. Das Preisniveau ist natürlich der Küche entsprechend gehoben, bietet aber insgesamt ein gutes Preis-Leistungsverhältnis. Die Weinauswahl ist natürlich ebenfalls regional, insbesondere aber werden natürlich die sehr guten Weine aus dem eigenen Anbau ausgeschenkt.

Für entspannte, bodenständige und regionale Küche auf höchstem Niveau und das Ganze, in nettem, passendem Ambiente angeboten, ein sicherer Tipp.

Hotel-Restaurant Pannonia
Seezeile 20
A-7141 Podersdorf

Tel.: +43 (0)2177 2245

Das Restaurant Pannonia wird sowohl von „À la Carte" als auch von „Falstaff" empfohlen. Die Küche ist eine qualitätsvolle Mischung aus regional und international. Frischer Fisch findet sich immer auf der Karte. Der Ausblick von der – wetterfesten – Terrasse über den See ist perfekt.

Empfohlen werden kann auch die Nächtigung in den Zimmern des angeschlossenen Hotels.

Fabian Sloboda
Alte Satz 1
A-7141 Podersdorf
Tel.: +43 (0)2177 2428
www.sloboda.at

Der Heurigen samt Vinothek und kleinem Genussshop für die eigenen Weine und ein paar guten regionalen Produkten präsentiert sich in modernem Design und somit in guter Abwechslung zum

üppigen Mitbewerb in Podersdorf. Die Weine sind hervorragend, die Speisenauswahl sehr gut und sehr regional (u. a. eine Reihe von Nationalparkprodukten aus der Fleischerei Karlo).

Podersdorfer Weinstube
Winklergasse 30
A-7141 Podersdorf
Tel.: +43 (0)2177 2829

Gleich ums Eck zum Gasthaus Dankbarkeit liegt die ebenfalls von der Familie Lentsch betriebene „Podersdorfer Weinstube", ein Heuriger mit Fokus auf regionalen Schmankerln u. a. vom Mangalitzaschwein oder Steppenrind oder eingelegtes Gemüse von Stekovics und Weinspezialitäten und -raritäten aus der eigenen Erzeugung sowie aus Podersdorf.

Sunset – Bar
Hauptdamm – Mole
A-7141 Podersdorf
Tel.: +43 (0)2177 2849

Perfekte Lage direkt beim Leuchtturm. Einmalige Sonnenuntergänge. Perfekt für ein Glas Champagner oder einen guten Cocktail.

See-Cafe
Seeweingärten III
A-7141 Podersdorf
Tel.: +43 (0)699 10756122
Gute Frühstücksadresse. Etwa 200 Meter vom See entfernt (kein Seeblick!) wird jeweils eine breite Auswahl an Frühstücken angeboten.

Jups Bierstüberl
Hauptstraße 14
A-7141 Podersdorf
Tel.: +43 (0)2177 2274
Das Lokal ist nicht einfach ein Bierlokal, das eine breite Palette an Bieren anbietet, sondern auch eine interessante Adresse, um regionale Produkte zu genießen. Der Besitzer betreibt auch eine eigene Zucht von Mangalitzaschweinen, und die erzeugten Produkte finden sich im Lokal auf der Speisekarte wieder, können aber auch zum Mitnehmen erworben werden.

Snackbar bei der Surfschule am Nordstrand
Am Nordstrand, gelegen in der kleinen, idyllischen Bucht der Surfschule, findet sich eine kleine Snackbar. Die angebotenen Imbisse entsprechen dem Standard, aber die Lage in der kleinen Bucht direkt am Wasser etwas abseits des Trubels und mit der kleinen, vorgelagerten Schilfinsel im Blick wirkt äußerst entspannend.

Genusshops
Weingut und Bauernladen Paul Ettl
Weine aus eigenem Anbau und regionale Produkte von Bauern aus Podersdorf und Umgebung; Seestraße 77; Tel.: +43 (0)2177 2226

Sepp Ruttner
Sepp Ruttner ist Spargelbauer und verarbeitet seine Produkte zu feinsten Spezialitäten. In der Saison kann auch frischer Spargel „ab Hof" eingekauft werden. Die Spargelprodukte von Sepp Ruttner sind hervorragend; Toptipp für Spargelspezialitäten!; Florianigasse 18

Heinrich Roiss
Heinrich Roiss erzeugt hervorragende und prämierte Obstbrände und Grappas der Spitzenklasse. Diese können auch „ab Hof" eingekauft werden; Frauenkirchner Straße 3; Tel.: +43 (0)2177 2394

Weinempfehlungen
Weingut Lentsch
Neusiedlerstraße 40
A-7141 Podersdorf am See

Tel.: +43 - (0)2177 - 2398
E-Mail: info@weingut-lentsch.com
www.weingut-lentsch.com

Weingut und Pension Johannes & Klaudia Strudler
Seezeile 8
A-7141 Podersdorf am See
Tel. / Fax: +43 (0)2177 2239
E-Mail: info@johannes-strudler.at
www.johannes-strudler.at

Weingut Julius Steiner
Seezeile 2
A-7141 Podersdorf
www.julius-steiner.at

Weingut Schaller vom See
Frauenkirchner Straße 20
A- 7141 Podersdorf am See
E-Mail: wein@schallervomsee.at
www.schallervomsee.at

Regelmäßige Veranstaltungen
Sonn-Wein-Jazz
Direkt am Hauptsteg – Mole zwischen Nord- und Südstrand bitten die Podersdorfer Weinbauern zu den Klängen von Live-Musik Jazz jeweils am letzten Samstag des Juli zur Verkostung. Feines Ambiente vor allem zum Sonnenuntergang mit hervorragenden Weinen, guten Happen, guter Musik und herrlicher Aussicht.

Müh-Zu-Fest
Jeweils Ende August gibt es eine nette Veranstaltung direkt vor der Windmühle, die dann in Betrieb genommen und die historische Getreideerzeugung vom „Treschen" mit den alten Treschflegeln bis zum Mahlen vorgeführt wird. Für Speis und Trank ist natürlich gesorgt.

Martini-Loben mit Hiata-Einzug
Kulinarisch wird u. a. auch die traditionelle Hühnersuppe angeboten.

Tour 5

Wassersport am Neusiedler See

Es gibt kaum eine Wassersportart mit Ausnahme von Schnorcheln und Tauchen, die man am Neusiedler See nicht ausüben kann. Der Osten des Sees um Podersdorf hat hier den Vorteil, dass der Schilfgürtel entweder sehr dünn oder gar nicht vorhanden ist.

Der Grund dafür ist, dass durch den bei Sportlern so beliebten Nordwestwind die Wellen immer wieder hier an den Strand schlagen. Im Winter stößt das Eis hier an den Strand und sorgt dafür, dass diese Seite des Sees schilfarm bzw. -frei bleibt.

Die geringe Wassertiefe ist ein Vorteil, den vor allem Sportanfänger sehr zu schätzen wissen. Außerdem herrscht hier ein auflandiger, lebhafter, oft sehr stürmischer Nordwestwind, der für alle Wassersportarten äußerst günstig ist.

Eher selten, aber auch nicht zu verachten, sind kräftige Südwinde, die die Wellen bis zu einem Meter aufschaukeln.

Surfen und Kite-Surfen

Der Nordstrand in Podersdorf wurde zu einem modernen Surfzentrum ausgebaut. Hier finden Surfer bzw. Kite-Surfer alles, was sie zur Ausübung des Sports benötigen, wie Surfschulen, Geschäfte, Duschen, Umkleideräume etc.

Jedes Jahr Ende April / Anfang Mai findet in Podersdorf der Surf-

weltcup statt und zieht mit den Partyevents rund um den Wettbewerb mehr als 100.000 Zuschauer an.
Die Sportveranstaltung ist ein großes Fest, das den ganzen Strand zur Partymeile werden lässt. Man kann hier am Tag bei lauter Musik einkaufen, etwas trinken und essen und vom Strand aus den Surfern bei ihren spektakulären Stunts zusehen.

Segeln
Segeln kann man am See eigentlich von jedem Ort aus gut. Durch den langen Sommer und die vielen Sonnenstunden ist das Segeln am Neusiedler See länger möglich als auf den meisten anderen, kälteren österreichischen Seen. Der See ist trotz seiner Seichtheit als durchaus anspruchsvolles Segelrevier bekannt. Bei starkem Wind werden die Wellen sehr kurz und steil, und hier muss auch der Profi sein Können unter Beweis stellen. Alle Orte mit direktem Seezugang (Mörbisch, Rust, Oggau, Purbach, Jois, Neusiedl, Weiden, Podersdorf, Illmitz) verfügen auch über große Jachthäfen und Liegeplätze.

In die Joiser Inselwelt

Breitenbrunn – Winden – Jois

Die Tour in Kürze

Jahreszeit:	Im Frühling, ab Mitte Mai wenn die ersten Kirschen reif sind
Tour:	Fahrrad
Streckenlänge:	ca. 16 km, hügelig, Asphalt,
Highlights:	Aussicht auf den Neusiedler See, Wander Bertoni Museum, Höhlen, Joiser Inselwelt
Kulinarik:	Honig vom Lylys, Wein vom Hillinger, Kirschen von den Bäumen

Die Tour schließt nahtlos an die Tour 2 – Kirschblüte erradeln – an und kann von sportlichen Radfahrern auch mit dieser kombiniert werden. Man sollte sich jedoch die Zeit nehmen, um auch die Orte und Sehenswürdigkeiten zu besuchen und die kulinarischen Verlockungen zu genießen.

Starten kann man die Tour in Breitenbrunn am Anger. Gleich neben dem großen Kinderspielplatz, der von der Hauptstraße aus beschildert ist, befindet sich ein großer Parkplatz. Von hier aus ist der Kirschblütenweg B12 Richtung Winden auch gut angezeichnet. Sollten Sie mit Kindern unterwegs sein, stellt der Kinderspielplatz am Beginn und Ende der Tour auch gleich eine erste und letzte Attraktion mit hohem Fun-Faktor dar.

Die Durstigen und Hungrigen wiederum können nach Absolvierung der Tour von der Gasse, die den Spielplatz am unteren

Ende begrenzt, auch gleich durch den Hintereingang des urigen alten Streckhofes den Heurigen „Rauchkuchl" erreichen.

Nachdem Breitenbrunn und Winden nur einige hundert Meter durch ein paar Weingärten voneinander getrennt liegen, erreicht man schon nach kurzem Radeln das Wander Bertoni Freilichtmuseum (siehe „Wander Bertoni") und damit eine höchst interessante Zwischenstation.

Rund einen Kilometer nach dem Ausstellungsgelände quert man eine Asphaltstraße. Biegt man hier links ab, so kann man gleich zwei Höhlen besuchen, die entlang desselben Weges in Richtung der Wälder des Leithagebirges liegen. Zuerst erreicht man die sogenannte Zigeunerhöhle – Grafenlucke –, mit einer großen Wiese davor, die sich als Picknickplatz anbietet und ein paar hundert Meter dahinter

schließlich die Bärenhöhle. Beide liegen am Westhang des Zeilerberges, ca. 3 Kilometer von Winden am See. Während die Zigeunerhöhle – mehrere kleinere Höhlen – über die große Wiese hinweg gut vom Weg aus erkennbar ist, liegt die Bärenhöhle etwa 20 Meter oberhalb der Straße ein wenig versteckter (aber ausgeschildert) im Wald. Sie ist eine Schichtfugenhöhle mit zwei Eingängen und besteht aus einem Raum mit kurzen Nebenstrecken. Die Bärenhöhle steht seit 4. Februar 1929 unter Bundesdenkmalschutz und kann bis zu einer Tiefe von 60 Metern erkundet werden. Hier lebte einst ein Höhlenbär, dessen Überreste nunmehr im Turmmuseum von Breitenbrunn (siehe dort) besichtigt werden können. Der Name „Ludlloch" wurde nach dem Flurnamen „Am Ludl" benannt.

Ein Ausflug vor allem mit Kindern lohnt ganz sicher, da die Höhle praktisch an der Strecke liegt und die Erkundung der Höhlen ein kleines Abenteuer entlang der Tour bietet.

Von der Bärenhöhle geht's weiter

Schilfweg

Richtung Norden. Gleich unweit der Zigeunerhöhle – Grafenlucke – liegen eine kleine, aber schöne Kellerzeile und eine Koppel mit Pferden und Esel. Die Strecke ist ab der kleinen Kellerzeile dann etwas anstrengender, da es durch Hügel immer wieder auf und ab geht. Die Strecke führt dabei immer zwischen den Weingärten hindurch und eröffnet schöne Blicke auf die Weinberge und auch bis hinab zum See. Nach ca. 10 Kilometern Fahrtstrecke erreichen wir Jois am See. Wenn man in Jois den Schildern für Radfahrer folgt, kann man den Radweg B10 am See entlang Richtung Breitenbrunn zurück kaum übersehen. Der Weg zurück geht dann nahezu ohne Steigungen unterhalb einiger Hügel und entlang von Schilfgürtel, Feldern und netten Gärten dahin und über Winden zurück nach Breitenbrunn.

Sowohl in Jois als auch in Winden streift man dabei die kleinen, aber feinen alten Kellergassen, in denen sich vor allem von Frühling bis Herbst immer offene Kellerheurigen finden, die meist auch noch sehr urtümlich sind.

In Jois gibt es auch einen Seezugang, der einen Besuch lohnt. Am Ende der Asphaltstraße Richtung See befindet sich der Jachthafen von Jois mit dem Lokal „Die Seejungfrauen" mit Terrasse direkt am Wasser (bei Erstellung dieses Buches allerdings geschlossen). Hier findet man das Seebad Jois. Das kleine, familiäre Seebad lädt zum Erholen ein, bietet eine ganz entspannte Atmosphäre und darf durchaus noch als Geheimtipp rund um den See gelten. Der Eintritt ist frei. Eine Besonderheit am Neusiedler See ist, dass dieser Platz praktisch nie überlaufen ist und man daher in Ruhe Sonne, Natur und Badefreuden genießen kann. Das Seebad Jois setzt bewusst auf Ursprünglichkeit und Naturbelassenheit – elektronische Drehkreuze und viel Beton finden Sie hier nicht. Dafür liegt das kleine Strandbad auch eigentlich an einem See im See. Die weite offene Wasserfläche sieht man hier nicht, sondern hat vielmehr den Eindruck eines vom Schilf umgebenen Teiches.

Von hier aus kann man entlang des Wasserkanals durch die Schilflandschaft ein Stück weiterspazieren.

Inselwelt Jois

Radverleih an der Strecke:
Nextbike.at
www.nextbike.at
(im Winter geschlossen)
In Jois vorm Gemeindeamt und beim Strandbad am See in Jois, In Breitenbrunn am Hauptplatz und am See und am Bahnhof

Radverleih Holek
Bahnstraße 2
A-7092 Winden / See
Tel.: +43 (0)676 7078861
Breitenbrunn siehe Tour 1

Wander Bertoni

1965 erwarb der Bildhauer Wander Bertoni eine Wassermühle in Winden am See, am Fuße des Leithagebirges. Der Garten des Gebäudes ist groß und wunderschön und lohnt auch für Urlauber, die den Künstler noch nicht kennen. Der Baumbestand von Zwetschgen und Nussbäumen, dazwischen die teils sehr großen Skulpturen und der Blick auf den See und das alte Gebäude machen einen Spaziergang sehr entspannend.

Der Künstler wurde 1925 in Italien geboren und kam 1943 als Zwangsarbeiter nach Österreich. Er studierte nach dem Krieg bei Fritz Wotruba in Wien und war einer der bedeutendsten Bildhauer, der aus der Wotruba-Schule hervorgegangen ist.

Im Freilichtmuseum Wander Bertoni sind zahlreiche Großplastiken des Künstlers auf freiem Gelände ganzjährig zu besichtigen. Seit 2010 ist die Eiersammlung Wander Bertoni (er besitzt eine der umfangreichsten Eiersammlungen weltweit, von Grabbeigaben bis zum Kitsch, rund 3.000 Stück) im Kontext mit den anderen Bauten in einem sehr interessanten Neubau untergebracht. Über 400 Skulpturen sind im Gelände und diversen Innenräumen zu besichtigen. Das Freigelände mit Skulpturen kann ganzjährig kostenlos besichtigt werden. Die Besichtigung von Ausstellungspavillon und Atelier ist nur nach telefonischer Vereinbarung möglich.

Wander Bertoni
Gritschmühle 1
A-7092 Winden / See
Tel.: +43 (0)664 4325403
E-Mail: office@bildhauer-wanderbertoni.com

Orte an der Tour

Jois

Winden

Der Ort Winden hat mit der Wander-Bertoni-Skulptur „Sonnenanbeter" eine Landmark gesetzt, die schon von Weitem zu sehen ist und für Fans von Science Fiction der 1970er-Jahre auch an eine Kommunikationsbasis Außerirdischer erinnern kann. Die mächtige Skulptur steht auf einem Hügel am Ortsrand, von welchem man auch einen wunderbaren Blick über Ort, Umgebung und See genießen kann. Die Ortschaft selbst ist sehr klein und nur einige hundert Meter von Breitenbrunn entfernt. Sehr nett ist die im unteren Ortsteil befindliche kleine Kellergasse. Wenn man der vorgeschlagenen Radtour folgt, fährt man durch die Kellergasse durch.

In Winden sollte man stehen bleiben, um sich das Wander Bertoni Freilichtmuseum anzusehen und zu Zigeuner- und Bärenhöhle zu spazieren.

Weintipps
Weingut Hermann Leeb
A-7092 Winden / See
Hauptstraße 47
Tel.: +43 (0)664 9172719
Fax: +43 (0)2160 8295
E-Mail: info@weingutleeb.at
www.weingutleeb.at

Weingut Kroyer – Oleanderhof
Hauptstraße 28
A-7092 Winden / See
Tel.: +43 (0)2160 8413
E-Mail: wein@oleanderhof-kroyer.at
www.weingut-oleanderhof.at

Wiederkehrende Feste
Große Kellerpartie
Im historischen Kellerviertel von Winden sind 10 bis 15 Keller geöffnet.
Jeweils am Freitag und Samstag des letzten Wochenendes im Juli!

Jois

Jois ist der nördlichste Ort am Neusiedler See. Es ist ein netter, unaufgeregter Weinort mit einer schönen Kirche. Ein kleiner Spaziergang zur Kirche in Jois wird mit einem schönen Ausblick über den See und die im Osten angrenzenden Hügel belohnt.

Das Ortszentrum zieht sich von der viel befahrenen Bundesstraße in Richtung See hinab und ist sehr ruhig mit dem einen oder anderen noch netten alten Haus. Der älteste Ortsteil ist der Hauptplatz. Wo sich einst das ganze dörfliche Leben abspielte, lädt heute ein großer, ruhiger und gärtnerisch schön gestalteter Platz mit einem friedlich plätschernden, modernen Brunnen zum gemütlichen Schlendern ein. Beliebte Veranstaltungen wie „Wein am Hauptplatz", „Adventfenster" oder der Gartenfestumzug wecken ihn gelegentlich aus seinem Dornröschenschlaf.

Restaurants
Die Seejungfrauen
Ein Restaurant-Café mit leider in den letzten Jahren wechselnden Betreibern und ebenso wechselnder Qualität in Service und Küche. Die Lage direkt am Wasser und der Ausblick auf den Jachthafen und die Boote, die darin liegen, entschädigt jedoch dafür. Wenn offen, dann absoluter Tipp! (Zumindest, um dort zu sitzen, wenn die Qualität allenfalls gerade mal wieder zu wünschen übrig lässt …) Zum Zeitpunkt der Erstellung des Reiseführers war das Lokal allerdings wieder einmal geschlossen.

LYLYS HONIG Simon Tötschinger
Obere Hauptstraße 27
A-7093 Jois
Tel.: +43 (0)699 17054445
E-Mail: post@lylys.at
www.lylys.at
Die Bienen von Simon Tötschinger erzeugen Honig auf höchstem Niveau. Der Honig von der Kirschblüte ist hocharomatisch und fein cremig.
Der Imker bietet auch Führungen zu seinen Bienen und seiner Imkerei an. Informationen auf der Homepage.

Weine
Leo Hillinger
Hill 1 | A-7093 Jois
Eines der markantesten Objekte von Jois ist aber ganz sicher der

hochmoderne, auf einem Hügel an der Ortsausfahrt in Richtung Winden gelegene Weinkeller (in moderner Architektur mit viel Glas errichtet) des Promi-Winzers Leo Hillinger. Seit 2004 gibt es dieses 6 Millionen Euro teure Weinzentrum, in dem Wein erzeugt und verkostet wird und Seminare stattfinden.

Die sehenswerte Anlage mit verkostungswürdigen Weinen im oberen Qualitätssegment ist täglich von 9:00 bis 18:00 Uhr und an Wochenenden von 11:00 bis 18:00 Uhr geöffnet. Tel.: +43 (0)2160 8317

Weingut Agerlhof
Untere Hauptstraße 15 | A-7093 Jois
Tel.: +43 (0)2160 8200 (Büro)
Fax: +43 (0)2160 8220
E-Mail: weingut@agerlhof.at
http://www.agerlhof.at
Das Weingut befindet sich in einem typischen Streckhof mitten im Ort. Wer ein gutes Preis-Leistungsverhältnis sucht, wird hier bei Familie Wetschka fündig.

Breitenbrunn siehe Tour 2

Sommer

Radtour über die Grenze

Von Mörbisch nach Fötörakos

Die Tour in Kürze	
Jahreszeit:	Im Sommer, wenn auf den wenigen Kilometern zwei Strandbäder Abkühlung verschaffen können und Fische darauf warten, verspeist zu werden.
Tour:	Fahrrad
Streckenlänge:	eine Richtung ca. 11 km, leicht hügelig, Asphalt
Highlights:	Hofgassln von Mörbisch, Steinbruch von Fertörakos, Besuch zweier Seebäder
Kulinarik:	casa.peiso & dió in Mörbisch und der beste Koch Ungarns in Fertörakos (Raspi)

Die Tour startet man am besten am Strand von Mörbisch. Dort kann man das Auto gut unter Bäumen parken. Hier starten wir los und fahren in den Ort Mörbisch und biegen dort links in die Hauptstraße ein und fahren an den hübschen Hofgassen des Ortes vorbei weiter Richtung Süden. Es geht über Hügel bis zur Grenze. Man hat von hier wunderschöne Ausblicke auf den See und in die Umgebung. Die Natur ist noch intakt, da das Gebiet in den Zeiten des Kalten Kriegs kaum betreten wurde. Es gibt ein paar Bauern, die Rinder und Schweine – auch ein paar Mangalitza – im Freien weiden lassen.

Kurz nach der Grenze passieren wir die Mithrashöhle, einen nahezu 2.000 Jahre alten Tempel zu Ehren des persischen Sonnenkönigs Mithras.

Schon kurze Zeit später kommen wir am Ortsbeginn von Fertörakos an.

Hier sollte man vor der Weiterfahrt den beeindruckenden Steinbruch besuchen (siehe Ortsbeschreibung Fertörakos). Durch den Ort geht es etwas bergab bis zur Abzweigung zum See. Von hier kann man die gleiche Strecke zurückfahren oder mit der Fähre nach Mörbisch zurückfahren.

Die Strecke ist zwar nicht sehr weit, es ist jedoch nicht ganz so flach wie im Seewinkel, deshalb sollte man etwas mehr Zeit einrechnen.

Radverleih an der Strecke

Fahrradverleih Sonnenhof
Nussau 18
A-7072 Mörbisch
Tel.: +43 (0)268 60973

Orte an der Tour

Mörbisch

Mörbisch ist Fernsehzusehern hauptsächlich durch die Operetten- und Musicalübertragungen im Österreichischen Fernsehen bekannt und gilt als die Operettenhauptstadt des Landes.

Für den Ort sollte man sich auf jeden Fall etwas Zeit nehmen, um ihn genauer kennenzulernen. Ins Auge stechen sofort die wunderschön gepflegten und geschmückten Hofgassen links und rechts der Hauptstraße. Diese erblühen von Frühling bis Herbst in den verschiedenen Farben des Oleanders, der Pelargonien (hier auch „Muschgadl" genannt) und vieler anderer Blumen. Viele der Hofgassen sind noch sehr urtümlich und nicht zu Tode renoviert.

In einer der Hofgassen ist das Heimathaus untergebracht. Hier kann man den Wohnbereich und den Keller eines Bauernhauses in einer Hofgasse von ca. 1900 besichtigen.

Vor dem Museum befindet sich ein Telefon, von dem aus man die Betreuerin des Museums, Frau Fiedler, erreichen kann, die durch das Museum führt und viele interessante Geschichten aus Mörbisch erzählen kann! Das Museum ist so klein, wie die Häuser jener Zeit eben waren, aber die sympathische und kundige Führung von Frau Fiedler ist einen Besuch jedenfalls wert!

Parallel zur Hauptstraße ist auch die unterhalb gelegene Gasse einen Spaziergang wert, da man von dort am besten auch die

Rückseiten der schönen Hofgassen mit alten Scheunen und kleinen Bauerngärten sehen kann.

In Mörbisch gibt es eine evangelische und eine katholische Kirche, wobei ein Großteil der Einwohner evangelisch ist. Oberhalb des Ortes beginnen sofort die Weinberge, von hier aus hat man einen wunderschönen Ausblick über das Ruster Hügelland und dessen Weinberge und den See. Auch wenn man nur kurz Zeit hat, sollte man auf den Hügel wandern und die Aussicht genießen.

Seezugang

Der Seezugang liegt ungefähr 2 Kilometer vom Zentrum von Mörbisch entfernt. Hier gibt es einen riesigen Parkplatz, der für die Festspiele gebaut wurde. Ein großer Teil des Areals zum See ist für die riesige moderne Zuschauertribüne, die Seebühne und das Seebad abgesperrt.

Das Seebad ist recht groß und besteht im Wesentlichen aus zwei Teilen. Dem Bad am Strand, wo es Rutschen und Pools und ein Restaurant gibt. Auf dieser Seite des Bades sind viele Kinder, die oft ausgelassen spielen. Es gibt aber auch eine Brücke zu einer Insel direkt vor dem Strand, wo es meist sehr ruhig ist. Auf der Insel gibt es einige Stege, von denen man ins Wasser springen kann. Hier ist der See meist auch – für die Verhältnisse des Neusiedler Sees – sehr tief (also nahezu zwei Meter!!) und man kommt mit dem schlammigen Untergrund nicht in Berührung. Neben dem Seebad gibt es die neue Strandbar Dock M, in der man sehr nett direkt am Wasser sitzen kann.

Diese besteht aus einem Pavillon, einer Terrasse mit bunten Stühlen, Tischen und Liegestühlen, wo man Getränke und kalte Speisen bekommt. Geöffnet Juni bis August.

www.dock-m.at/home

Kulinariktipps
casa.peiso & dió
Herrengasse 16
A-7072 Mörbisch
Tel.: +43 (0)2685 60991
E-Mail: office@casapeiso.at
www.casapeiso.at

Der Mitgliedsbetrieb von Pannonisch Wohnen bietet Urlaubsgenuss in einem renovierten Original-Winzerhaus aus dem 19. Jahrhundert. Drei Suiten, die auf die Namen Storchblick, Katzenstiege und Rohrwand hören, bezaubern durch ihre stilvolle innenarchitektonische Raffinesse. Die zum Haus gehörende, innovative Weinkantine und Greißlerei dió bietet hauseigene Weine und regionale Lebensmittel.

Das Lokal ist sehr gemütlich mit einem Tisch mit verschiedenen Sesseln und einer Bar eingerichtet. Das saisonale Angebot der pannonischen Natur sowie alles von der Nuss („dió" – ungarisch: Nuss) bestimmen das Angebot. Im dió gibt es keine Speisekarte, sondern es werden je nach Lust und Laune kreative kalte Speisen serviert.

Danis Schenke
In einer wunderschönen Hofgasse mit Oleanderpflanzen. Ein klassischer Heuriger mit deftiger Kost. Hier ist die Portion noch so groß wie in der „guten alten Zeit".
Hauptstraße 106
A-7072 Mörbisch
Tel.: +43 (0)664 4000455
E-Mail: danis-schenke@gmx.at
Öffnungszeiten: Montag bis Sonntag ab 15:00 Uhr, von September bis Juni am Mittwoch Ruhetag

Übernachten
Das Schmidt
Ein Hotel mit 29 Zimmern und schönem Garten.
Raiffeisenstr. 8
A-7072 Mörbisch
Tel.: +43 (0)2685 8294
E-Mail: privathotel@das-schmidt.at
www.das-schmidt.at

Gut Zentgraf
Kleines Boutiquehotel mit schönen Suiten. Dabei ist auch ein empfehlenswerter Heuriger bei dem ausgesprochen gute Weine aus eigenem Anbau auf den Tisch kommen.
Setzgasse 1, 7072 Mörbisch
www.zentgraf.at

Fetörakos / dt. Kroisbach

ist der einzige ungarische Ort am Neusiedler See mit eigenem Strandbad. Der Ort ist recht ruhig und hat viel vom ursprünglichen Aussehen bewahren können.

bis 15 Meter in die Höhe. Absolut sehenswert!

Eine Wassermühle aus dem 17. Jahrhundert befindet sich auf der Hauptstraße. Eine Mühle ist nicht zu sehen, es ist nur das Gebäude vorhanden, auf dem eine Sonnenuhr und ein Madonnen-

Blick auf Kroisbach

Sehenswert in Fetörakos sind die hübschen Streckhöfe entlang der Straße und der Steinbruch. Gleich beim Ortseingang von Fetörakos liegt der riesige Steinbruch mit seinem Höhlentheater. Seit 1948 ist der Steinbruch schon geschlossen, in dem schon die Römer den Leithagebirge-Kalkstein abgebaut haben. Das Gelände ist zu besichtigen und sehr beeindruckend. In den Steinhallen ragen die Mauern 12 bild zu sehen sind. Gleich daneben steht der alte Pranger, ebenfalls aus dem 17. Jahrhundert. Ein kleines, aber feines Dorfmuseum ist auch gleich daneben, in dem alte Kleidungsstücke, Möbel und Gebrauchsgegenstände zu sehen sind.

In der Ortsmitte befindet sich auch der alte Bischofspalast, der ebenfalls besichtigt werden kann.

Seezugang

Der Zugang zum See befindet sich ca. 3,5 Kilometer vom Zentrum von Fetörakos entfernt. Es gibt hier einen Parkplatz, ein großes Seebad (das eigentlich an einem See im See liegt), viele kleine Imbissbuden, an denen vor allem auch guter Steckerlfisch gebraten wird, und eine Siedlung von sympathischen Holzhäusern mit Schilfdächern, die auf Holzpflöcken in den See gebaut wurden.

Der Steg der Pfahlbausiedlung ragt einige hundert Meter in den See und lädt zum Flanieren ein. Insbesondere auch, weil am Ende das kulinarische Highlight „Haus am See" der Familie Eselböck mit feinen Grillspezialitäten wartet.

Kulinariktipps
Haus im See

Das Haus am See befindet sich direkt am Wasser am Ende eines langen Stegs.
Das Publikum ist relaxed und chic. Man sitzt am Wasser und genießt Köstliches vom Grill oder aus der Küche. Wer übernachten will, kann das hier am Ende der Hauptmole
A-9400 Fertörákos
www.hausimsee.at

Restaurant Öreghalaszcsarda: carda zum Alten Fischer
Hauptstraße 51
Tel. / Fax: +?? (0)3699 355302
E-Mail: gizellascharfy@gmail.com
www.oreghalaszcsarda.hu
(Eingang hinter dem Feuerwehrhaus)
Mai bis Oktober täglich von 11:00 bis 22:00 Uhr geöffnet
Hier gibt es viele verschiedene Fischgerichte, allein 7 Fischsuppen stehen auf der Karte. Neben Zander gibt es auch Hecht, Wels, Aal und Karpfen. Das Lokal ist urig und der Gastgarten der zum Teil schilfgedeckten Csarda schön gemütlich neben einem Bauernhof, von dem man das Schnattern der Enten und Gänse herüberhört.

Huber Pension und Restaurant

Das Lokal ist innen wunderschön, man sitzt in einem Raum mit einem Interieur aus dem 19. Jahrhundert. Neben ungarischen Spezialitäten auf gutem Niveau gibt es auch Pizza.

Fertö utca 1
X-9421 Fertörákos
www.huberpanzio.hu
Montag bis Sonntag 11:00 bis 22:00 Uhr geöffnet.

Restaurant Raspi
Ebenfalls direkt an der Hauptstraße gelegen, liegt das von außen unscheinbare Restaurant Raspi. Hier betreibt József Horváth ein ausgezeichnetes Restaurant und Weingut. Das Interieur ist sehr gemütlich.
Alle Gerichte werden frisch zubereitet, es gibt statt Cola und Fanta frische Fruchtsäfte, und der Koch legt Wert auf die Frische und Regionalität seiner Zutaten. Herr Horváth ist einer der bekanntesten Köche Ungarns, Reservierung ist also empfohlen und Regionalität seiner Zutaten. Herr horvath ist einer der be-

kanntesten Köche Ungarns, Reservierung ist also empfohlen.
Fő u. 72., 9421 Fertőrákos
Tel.: 00 36 99/355-146
www.raspi.hu

Dorfstruktur: Streckhof und Hofgassl und Anger

Die traditionelle bäuerliche Bauweise in den burgenländischen Dörfern ist entweder der Streckhof oder das Hofgassl, die rund um den Anger neben einer Kirche angesiedelt waren.

Anger
Ein Anger ist ein meist mit Gras bewachsener Platz mitten im Zentrum eines Orts, der von allen Ortsbewohnern gemeinsam benutzt werden kann. Früher wurden hier die Tiere bei offenen Wasserstellen getränkt und gefüttert, oder Veranstaltungen, wie Kirtage, wurden auf den Angern abgehalten.

Meist grenzten hier auch gemeinschaftliche Gebäude, wie das Milchhaus, in dem die Milch aller Bauernhöfe vor dem Abtransport gesammelt wurde, oder das Eishaus, in dem das Eis für alle eingekühlt wurde, an.
Viele Orte haben auf den Angern jetzt Kinderspielplätze oder leider auch Parkplätze angelegt. Sehenswert ist der größte natürliche Anger Mitteleuropas in Loretto, direkt vor der ebenfalls sehenswerten Wallfahrtskirche. Der dortige Anger ist mit einer Unzahl an schönen alten Nussbäumen bestanden.

Der Streckhof
Beim Streckhof besteht das Bauernhaus aus Trakten (Wohnbereich, Stall, Schupfe, Stadl), die hintereinander in einer Reihe am Grundstück aufgefädelt sind. Ganz am Ende des Grundstücks schloss ein großer Stadel das Gebäudeensemble ab. Eine Mauer begrenzt traditionell den Grund zum Nachbarn. Durch diese Bauweise waren die Bewohner so sicher, wie sie in schwierigen Zeiten nur sein konnten. Nach vorne waren sie durch ein großes Tor, zur Seite von ihren Nachbarn und nach hinten durch den großen Stadel vor Eindringlingen geschützt.
Zur Straße hin sieht man meist nur ein unscheinbares Gebäude mit wenigen Fenstern und einem großen Tor. Die Schönheit dieser Häuser liegt aber innen in den Höfen.
Die reichen Bauern konnten sich Arkadengänge am Wohnhaus und Steingebäude für die Stallungen leisten, die armen mussten mit Holzställen und niedrigen Schupfen auskommen, charmant und schön sind die erhalten gebliebenen Streckhöfe aber immer.
Mittlerweile sind viele dieser alten Streckhöfe zu wahren Schatzkisten ausgebaut worden, und da ja kein Traktor mehr durchfahren muss, wurden in vielen Innenhöfen schöne Gärten angelegt. An der Rückseite der Streckhöfe, dem Hintaus, liegen oft schöne Stadlzeilen, die leider immer mehr verloren gehen.
Leider wurden viele der Streckhöfe ohne Keller und aus Lehm gemischt mit gehacktem

Streckhof in Rust

Stroh gebaut und sind so sehr schwer sanierbar und dem modernen Leben anpassbar.

Wenn man durch ein Dorf mit Streckhöfen durchfährt, kann es von außen ganz schön abweisend aussehen, wenn man aber durchspaziert und durch das eine oder andere offene Tor in den Garten hineinschaut, gibt es einige Schätze zu entdecken.

Die Bauweise bietet eine sehr gute Wohnqualität, da sie den Platz optimal ausnützt und den Bewohnern auch auf engem Raum Häuser mit uneinsichtigen, vor Wind geschützten Gärten mitten im Zentrum der Orte ermöglicht.

Hofgassl

Der Unterschied zum Streckhof ist, dass in der Hofgasse mehr als ein Bauer mit seiner Familie wohnte.

Bis zu vier Familien teilten sich ein Grundstück und lebten somit in einer Gasse, daher war die Gasse auch nicht mit einem Tor versperrt.

Traditionellerweise sind die Wohngebäude der Familien vorne beim Eingang der Gasse und die Wirtschaftsgebäude, wie Ställe, Schupfen und Scheunen, hinten am Ende der Gasse.

Orte, in denen es schöne Hofgassen gibt, sind Mörbisch und Schützen am Gebirge. Die Bewohner haben die Gassen abgesperrt oder sehen es nicht gerne, wenn Touristen durchspazieren. Von außen sind die meist liebevoll gepflegten und geschmückten Gassen aber wunderschön anzusehen.

Die Hofgassen in Mörbisch sind seit 2001 Teil des Unesco Weltkulturerbes meist liebevoll gepflegten und geschmückten Gassen aber wunderschön anzusehen. Die Hofgassen in Mörbisch sind seit 2001 Teil des Unesco Weltkulturerbes.

Hofgasse in Mörbisch

Geschichte – Der Fall des Eisernen Vorhangs

Bis 1989 lag Mörbisch am Ende der westlichen Welt. Der Grenzübergang zwischen Ungarn und Österreich war stark abgesichert. Am See patrouillierten Boote, und vom Schilf weg war die Grenze durch Stacheldrahtzäune gesichert.

„Die Sicherungsanlage vom Typ SZ-100", wie der Eiserne Vorhang auch technisch genannt wurde, wurde zwischen 1965 und 1971 gebaut und war 246 Kilometer lang.

Immer wieder versuchten Ungarn oder DDR-Bürger, durch das Schilf oder durch den Wald zu flüchten, nicht immer war der Versuch erfolgreich, und Schüsse schreckten die Mörbischer aus dem Schlaf.

1989 änderte sich die Situation zuerst langsam und dann schlagartig. In Ungarn begann die innenpolitische Situation sich zu verändern. Ungarn unterschied sich schon immer von den anderen prosowjetischen Staaten und lebte einen „gemäßigten" Kommunismus, der unter dem Namen „Gulaschkommunismus" in die Geschichte einging. Die sozialistische Arbeiterpartei (USAP) verzichtete 1989 auf ihre verfassungsmäßig garantierte Führungsrolle und ebnete so den Weg für die Veränderungen in

Beispiel eines Grenzzauns am Platz der Freiheit

Ungarn.

Die Bewachung der Grenze war schon lange für die Ungarn ein Problem. Neben moralischen Bedenken, die es natürlich auch gab, schafften sie es kaum mehr, die Grenzsicherung aufrechtzuerhalten, weil der Eiserne Vorhang baufällig geworden war. Der rostfreie Stahl zur Reparatur musste aber im Westen beschafft werden, weil die Sowjetunion diesen nicht mehr liefern konnte. Daher wurde im März 1989 entschieden, die Sicherheitsanlagen abzubauen. Sehr bald war es in der DDR bekannt, dass die Grenze zwischen Österreich und Ungarn nicht mehr so stark bewacht wurde, und die Zahl der illegalen Übertritte stieg rapide an. Einige Mörbischer betätigten sich als Helfer und lenkten die Grenzbeamten mit Zigaretten und Weingeschenken ab.

Im Juni 1989 schnitten der österreichische Außenminister Alois Mock und sein ungarischer Kollege Gyula Horn symbolisch den Grenzzaun auf. Kurz darauf wurde die Idee des Paneuropäischen Picknicks geboren, als sich Otto Habsburg und Frenec Meszaros in Deprecen trafen. Die ungarische Opposition organisierte dieses Picknick, ohne zu ahnen, welche weltpolitischen Veränderungen sie dadurch auslösen würden. Bei diesem Picknick, das zwischen dem österreichischen St. Margarethen und dem ungarischen Fertörákos am 19. August des gleichen Jahres stattfand, verließen 600 DDR-Bürger, ohne aufgehalten zu werden, Ungarn. Drei Monate später, am 9. November, fiel auch die Mauer in Deutschland.

Beim Grenzübergang zwischen St. Margarethen und Fertörákos auf der Landstraße wurde auf der Picknickwiese der Veranstaltung ein Denkmal gesetzt. Hier stehen ein Stück des Grenzzauns, ein Wachturm und viele Tafeln, die mit Erklärungen zur Veranstaltung und zum Kalten Krieg uns die Zeit näherbringen. Die Wiese ist das ganze Jahr über kostenlos zugänglich

Operette in Mörbisch

1957 wurde mit dem Zigeunerbaron von Johann Strauss das erste Mal eine Operette am See vor 1.500 Zuschauern aufgeführt. Seit diesem Jahr gibt es jährlich eine Aufführung. Der Zigeunerbaron ist mit 12 Spielzeiten auch die Operette, die in Mörbisch am häufigsten gespielt wurde.

Herr „Wunderbar" Harald Serafin, der von 1993 bis 2012 Intendant der Festspiele war, rührte unermüdlich die Werbetrommel und schaffte es, jährlich bis zu 220.000 Besucher in die Zuschauertribüne der modernen Seebühne zu locken. In den letzten Jahren wurde die Spielstätte modern ausgebaut, pro Abend können 6.200 Zuseher die Operetten- oder Musicalaufführungen genießen. Es gibt ein umfangreiches kulinarisches Angebot vom Würstelstand über die Genussmeile mit burgenländischen Spezialitäten bis zum Dinnerbüffet. Nach jeder Aufführung gibt es ein spektakuläres Feuerwerk.

Es gibt außerdem an jedem Abend vor der Vorstellung drei Mal die Möglichkeit, eine Führung hinter den Kulissen der Seebühne zu machen.

Informationen finden Sie unter www.seefestspiele-moerbisch.at. Auf der Seebühne Mörbisch finden aber neben den Operettenfestspielen noch andere Veranstaltungen statt, wie z. B. die Schlagernacht am Neusiedler See, die Giganten der Blasmusik oder Voices of Musical

Aussichtsreiche Wanderung
Von Loretto zum Buchkogel und zurück

Die Tour in Kürze

Jahreszeit:	Sommer, weil es schattig und kühl und weil Lorettopilgerfest ist.
Tour:	Wanderung
Streckenlänge:	ca. 2,5 h, Wanderwege und ein kurzes Stück Asphalt
Highlights:	wunderschöner Anger in Loretto, Basilika, Aussichtsturm Buchkogel, versteckte Schätze des Leithagebirges

Diese Wanderung ist eine entdeckungsreiche Tour zu einem großartigen Aussichtsturm am Leithagebirge.
Die Wanderung beginnt in Loretto bei den Tennisplätzen (hinter der Kirche ungefähr) und geht bergauf Richtung Waldrandsiedlung, vor dieser hält man sich rechts und folgt der roten Markierung zur Dreifaltigkeitskapelle (Eisenstadt über Dreifaltigkeitskapelle). Bei der nächsten Weggabelung (3 Wege) wählen wir den, der am weitesten links liegt. Die kleine alte Kapelle steht sehr romantisch verwachsen zwischen Bäumen. Gleich neben der Kapelle befindet sich eine Quelle.
Einmal in Jahr gibt es eine Prozession von Loretto zu diesem Kirchlein. Im Jahr 1683 töteten marodierende Türken fast alle Einwohner des Ortes, einige wenige konnten sich im Wald verstecken. Zur Erinnerung daran gibt es am Dreifaltigkeitssonntag (im Juni, nach Pfingsten) diese Prozession.
Nach der Dreifaltigkeitskapelle folgen wir dem Weg weiter zur

Buchkogelwarte (rot markiert). Nachdem wir den höchsten Punkt erreicht haben, stoßen wir auf den Burgenländischen Weitwanderweg, dem wir nach links folgen, bis ein Schild nach rechts die Buchkogelwarte anzeigt.

Wenn man Glück hat und die Sicht gut ist, hat man einen großartigen 360-Grad-Ausblick! Geradeaus weiter folgen wir dem Weg und kommen nach 20 Minuten auf die Asphaltstraße (Verbindung Stotzing – Eisenstadt), auf der wir nun ca. 50 Meter nach links gehen, bis ein Weg wieder in den Wald führt (die Markierung ist hier weißgelb). Nach einigen hundert Metern kommt die nächste Kreuzung, wo wir der Markierung nach rechts folgen.

Hier folgen wir dem Weg gerade aus zurück Richtung Loretto.

Leider gibt es kein Hinweisschild zum Teufelsloch, doch die Höhle samt Rastplatz findet man, indem man bei der nächsten Gabelung nicht dem geraden Weg nach Loretto folgt, sondern 30 Meter nach rechts geht und dort gleich wieder einem kleinen ausgetretenen Pfad folgt.

Der Weg zurück nach Loretto geht über die Waldrandsiedlung zurück zum Zentrum des Orts.

Wild

Obwohl 98 Prozent der Bundesfläche von Österreich jagdlich bewirtschaftet werden , ist es nicht einfach, Wildfleisch und Produkte aus Wildfleisch zu beziehen.
Im Burgenland wurden im Jahr 2012 fast 13.000 Wildschweine, 22.000 Rehe und 33.000 Hasen erlegt. Neben diesen drei Wildarten, die hauptsächlich bejagt werden, gibt es noch viele andere, wie z. B. Fasane, Rebhühner, Wildenten, Hasen u. v. m.
Die meisten Tiere werden von Fleischhauern zerlegt und direkt an die Restaurants und Gasthäuser der Region verkauft.
Da die meisten Tiere den Rest des Jahres Schonzeit haben, werden sie nur im Herbst bejagt und zu dieser Zeit bei den Wildwochen in den verschiedenen Lokalen angeboten. Es gibt jedoch auch die Möglichkeit, Wildfleisch und Produkte direkt beim Verarbeiter in der Region zu beziehen:

Einkaufen
Wild vom Jäger
Herr Griemann verarbeitet im Jahr ca. 50 Wildschweine, 15 Hirsche, 150 Rehe und Niederwild, wie Hasen und Fasane und Wildenten. Er erzeugt Schinken, Speck, Würstel und einige andere Spezialitäten, die im Weinwerk in Neusiedl verkauft werden. Frischfleisch nur bei Voranmeldung!
Johann Griemann
Triftgasse 36
A-7100 Neusiedl am See
Mob.: +43 (0)69911302197
www.wild-vom-jaeger.at

Margit und Leopold Hahn
Wildwurst, Leberkäse, Wildgeselchtes, Wildpastete,
Niederwild der Saison
Markt 10
A-2453 Sommerein
E-Mail: hahn-leopold@gmx.at
www.wildbret-carnuntum.at

Orte an der Tour

Basilika in Loretto

Loretto

Loretto ist ein kleiner verschlafener Ort am Leithagebirge mit nur knapp 450 Einwohnern. Der Ort ist sehr ruhig und beschaulich, besitzt aber eine große Wallfahrtskirche und einen der größten unbebauten natürlichen Anger Mitteleuropas.

Rund um die große Wiese mit den vielen Bäumen, die früher als Gemeindeweide diente, schmiegen sich niedrige, aber schön renovierte alte Bauernhäuser.

Neben dem Anger erheben sich die beindruckende Basilika und die im 17. Jahrhundert errichtete Gnadenkirche, in der die Schwarze Madonna verehrt wird

Pilgerfeste in Loretto

„Jetzt is boid wieda Loredto" sagen die Einheimischen, wenn sie sich auf das größte Pilgerfest des Landes freuen und vorbereiten. Loretto mag die meisten Tage im Jahr ein ruhiger beschaulicher Ort sein, um Maria Himmelfahrt ändert sich das jedoch vollständig. Drei Mal im Jahr herrscht jedoch Ausnahmestimmung im Ort. Am 15. August findet am Anger mit mehr als 250 Ausstellern und 40.000 Besuchern der größte Kirtag des Burgenlandes statt.

Fünf Messen werden im Laufe des Vormittags in der Basilika gehalten, und viele Pilger kommen zu Fuß oder mit dem Fahrrad (ist auch sinnvoll, da es nicht genügend Parkplätze gibt).

Es gibt kaum etwas, was man in Loretto an diesem Tag nicht bekommt. Suchen Sie einen Teppichklopfer, einen Eierschneider, eine Kuchenform in Form eines Hasen, Keksausstecher, Socken, Schuhe, Gürtel, eine Bürste zur Ofenrohrreinigung, ein Messerschleifgerät, Wiener Gebäck, Schaumrollen, Tischtücher oder einen Hut? In Loretto finden Sie alles!

Zwei weitere wichtige Pilgerfeste finden statt, und zwar am 8. September das Fest Mariä Geburt und am dritten Sonntag im September der „Krowodische", das ist das Pilgerfest der Burgenländischen Kroaten.

Kulinariktipps
Heurigen Krauscher-Tschank – Heurigenschenke Edelmühle

Mitten in den Weinbergen zwischen Au und Loretto liegt dieser Heurigen versteckt. Seit dem 14. Jahrhundert lässt sich hier eine Mühle nachweisen. Ein schöner Ort, um nach einer anstrengenden Radtour oder einer Wanderung einzukehren. Die Portionen sind groß, und die Qualität der Speisen ist ausgezeichnet. Ein klassischer Heuriger, der keine Wünsche offen lässt (geöffnet nach Heurigenkalender, Informationen dazu auf der Homepage).

Der Besuch des Heurigen eignet sich auch ausgezeichnet mit Kindern, da ein schöner Spielplatz dabei ist.

Obere Edelmühle 1
A-2451 Au am Leithaberge
Tel.: +43 (0)2168 8212
www.heurigenschenke-edelmuehle.at

Gasthaus Edelmühle

Am gleichen Bächlein neben dem Heurigen Edelmühle gibt es auch noch ein Gasthaus gleichen Namens. Hier züchtet der Besitzer Forellen im hauseigenen Teich, die fangfrisch auf den Teller kommen. Der Garten ist sehr nett und der Fisch immer ausgezeichnet.

Untere Edelmühle 1
A-2451 Au am Leithaberge
Tel.: +43 (0)2168 8236
www.edelmuehle.at

„Über den Kirchberg" Landschafts- und Weinwanderweg

Neusiedl – Weiden

Die Tour in Kürze

Jahreszeit:	Baden in Neusiedl, deshalb im Sommer.
Tour:	Wanderung
Streckenlänge:	ca. 1,5 h, sehr einfach, Wanderwege und Asphalt
Highlights:	wunderschöne Aussicht über den Neusiedler See, Kalvarienberg, Weinberg
Kulinarik:	Restaurant Nyikospark und Weinwerk in Neusiedl, Brot- und Gebäckshop Horvath in Weiden u. v. m.

Die Tour startet am Kalvarienberg in Neusiedl. Die Anlage aus 12 Bildstöcken und einer Kapelle wurde Ende des 19. Jahrhunderts eingeweiht und ist von Weitem sichtbar. Vom Kalvarienberg hat man eine schöne Aussicht in die Gegend. Man sieht weit über den Neusiedler See bis zum Leithagebirge und hat eine gute Aussicht über den Wagram und die Parndorfer Platte.

Eigentlich ist die Orientierung bei der Tour sehr einfach, weil man immer eine schöne Aussicht über die Gegend und Route hat. Vom Kalvarienberg folgt man dem Hinweisschild zum Weinwanderweg durch ein kleines Wäldchen und biegt danach links und gleich wieder rechts ab und folgt dann dem Weinwanderweg parallel zum See. Man wandert hier mit toller Aussicht immer zwischen Weingärten über kleine Hügel bis nach Weiden. Der Weg ist auch immer als Weinwanderweg markiert. (Achtung:

Auf halber Strecke muss man einmal nach links abbiegen und ein paar hundert Meter weiter vom See weggehen, bis der Weg nach rechts wieder weitergeht.)
In Weiden überqueren wir die Asphaltstraße und gehen den Weitwanderweg noch ein bisschen weiter Richtung Zeiselberg. Der Weg ist hier wieder beschildert.

Immer wieder hat man schöne Ausblicke auf See und Umgebung.

Vom Zeiselberg folgen wir dem Weg abwärts und zurück nach Winden. In Winden können wir uns entscheiden, ob wir den gleichen Weg wieder zurückgehen oder einen unterhalb, der relativ eben und damit weniger anstrengend ist.

Orte an der Tour

Neusiedl am See

Die Stadt, die dem See den Namen gab und Bezirkshauptstadt ist, hat rund 7.000 Einwohner und ist nicht so geruhsam wie die anderen Orte am See, sondern quirlig und lebendig. Wenn man im Sommer durch die Hauptstraße fährt, dann sind die Gastgärten entlang der Straße voll und die Fahrt geht nur langsam, weil es oft staut.

An dieser Straße gibt es viele Shops, Cafés und Eisgeschäfte. Neusiedl ist das Zentrum der Region. An einem heißen Sommersonntag erinnert die Hauptstadt nicht selten an nordadriatische, italienische Städte mit viel Treiben und vollen Eis-Cafés.

Kulturhistorische Sehenswürdigkeiten sind in Neusiedl / See eher rar. Wahrzeichen der Stadt ist die Burgruine „Tabor", auf dem Hügel oberhalb des Ortszentrums gelegen. Von der ehemaligen Festungsanlage, die auf das 14. Jahrhundert zurückgeht, ist allerdings nicht mehr allzu viel übrig. Die Burg wurde im Kuruzzenkrieg größtenteils zerstört. Sichtbar sind noch ein paar Mauerreste und die Turmruine. In jedem Fall aber hat man einen guten Blick über die Stadt und vor allem den Schilfgürtel und den See.

Etwas unterhalb der Taborruine liegt die kleine und eher unspektakuläre (insbesondere im Vergleich etwa zu den Kellervierteln von Purbach oder Breitenbrunn) Kellergasse von Neusiedl mit einer Reihe von alten Weinkellern, die in den Hügel gebaut wurden.

Sehr schön ist die Lage des Kalvarienberges (gelegen in Richtung Weiden und dort auf den Hügeln und beginnenden Weinbergen). Zwölf neogotische Bildstöcke und Kapellen ziehen sich den Hügel hinauf. Oben findet sich eine Kreuzigungsgruppe mit Maria und Johannes.

Neusiedl ist eine Stadt zum Einkaufen (im Zentrum und den weitläufigen Fachmarktzentren außerhalb, die nahezu direkt in das riesige Areal rund um das Factory-Outlet-Center zwischen Parndorf und Neusiedl übergehen) und bietet eine gute Freizeitinfrastruktur mit Hallen- und Freibad (samt 2 Riesenwasserrutschen, Sauna, Dampfbad usw.), 9-Loch-Golfplatz, Tennisplätzen, Squash-Center und Reitsportzentrum usw.

Seezugang

Der See ist vom Zentrum des Orts 2,5 Kilometer entfernt, und es gibt einen asphaltierten Parkplatz. Der Eingang zum Strandbad ist hier mit einem Drehkreuz gesichert. Das Freizeitangebot im Strandbad ist vielfältig und bietet drei Beach-Volleyballplätze, einen Basketballplatz, Stand-up-Paddling, einen Bootsverleih und die Möglichkeit für eine gemütliche Ausflugsschifffahrt.

Der Union Jachtclub Neusiedler See ist hier ansässig, vier Jachthäfen und Trockenliegeplätze. Gästeliegeplätze für Segelboote im Westhafen und im Hafen Mole West mit Strom- und Wasserversorgung und Slip- und Kranmöglichkeit sind Teile der gut ausgebauten Infrastruktur im Strandbad Neusiedl am See.

Zahlreiche Umkleidekabinen, Dusch- und WC-Anlagen, zwei Restaurants, eine Snackeria und einige Verkaufskioske zählen zu den Standards des Strandbads.

Kulinariktipps
Mole West
Strandbad
Tel.: +43 (0)2167 20205

Viele Leute kommen nur an den Neusiedler See, um in die Mole West, der im modernen Design als Pfahlbau direkt am Wasser errichteten Kombination aus Bar und Restaurant, zu gehen. Das gut in die Landschaft eingefügte Lokal, in dem auf Hauben-Niveau (1 Gault-Millau-Haube) gekocht wird, ist ein Magnet für junge und schicke Leute, die ihre karge Freizeit gerne in stylischen Lokalen verbringen.

Das Essen und der Service wer-

den nur mehr von der großartigen Aussicht auf den See übertroffen. In die Terrasse ist auch ein kleiner Anlegeplatz für Segelboote eingefügt. Hier gibt es die seltene Möglichkeit, vom Lokal aus die Sonne über dem See untergehen zu sehen.

Unbedingt reservieren, auch wenn man nur vor hat, einen Kaffee zu trinken, Plätze sind auch bei Schlechtwetter und zu jeder Jahreszeit Mangelware!

Landgasthaus am Nyikospark
Untere Hauptstraße 59
A-7100 Neusiedl am See
Tel.: +43 (0)2167 40222
Das Landgasthaus am Nyikospark wurde mit zwei Hauben ausgezeichnet, und das zu Recht. Das Lokal liegt direkt auf der Kreuzung, an der die Straße Richtung See abzweigt.

Die Küche ist bodenständig, wie es in einem Landgasthaus auch sein sollte, jedoch auf sehr hohem verfeinerten Niveau. Schön ist das Lokal auch in der kalten Jahreszeit, da es innen besonders gemütlich ist. Die Verwendung regionaler Produkte ist selbstverständlich, und die angebotenen Gerichte orientieren sich an den Jahreszeiten. Der Service ist ordentlich, aber meist stärker der Erwartung eines guten Landgasthofes entsprechend als der ausgezeichneten Küche. Die Weine sind natürlich ebenfalls vor allem aus der Region.

Rasthaus „Zur Alten Mauth"
Eisenstädter Straße 205
A-7100 Neusiedl am See
Tel.: +43 (0)2167 8129
Das Landgasthaus liegt etwas außerhalb von Neusiedl am See, eigentlich zwischen Jois und Neusiedl. Der Eigentümer hat sich ganz der pannonischen und regionalen Küche verschrieben. Aber auch die Klassiker der Wiener und österreichischen Küche finden sich auf der Karte.

Das Landgasthaus zählt zu den Genussregionswirten und zum

„Kulinarischen Erbe Österreich".

Wer ein gutes Wirtshaus mit dem typischen Look von Landgasthäusern in den 1980er-Jahren mit ausgezeichneter regionaler Küche sucht, ist hier goldrichtig! Das Fleisch kommt zum großen Teil aus der eigenen Mangalitzazucht. Man kann hier selbstverständlich auch Produkte wie Lardo, Speck, Schmalz u. v. m. mit nach Hause nehmen. Wer im Sommer Fleisch benötigt, sollte vorher anrufen.

Nicht vorbeifahren! Reingehen!

Restaurant Pizzeria „Da Capo"
Hauptstraße 76
A-7100 Neusiedl am See
Tel.: +43 (0)2167 8542

Zum gastronomischen Reich der Betreiber des Nyikosparks gehört auch das italienische Restaurant „Da Capo". Regionale Produkte finden hier Eingang in eine sehr solide italienische Küche, und auch die Pizzen können durchaus empfohlen werden. Das Lokal befindet sich gegenüber des Nyikosparks an der Hauptstraße vor der Abbiegung zum Strandbad.

Largo
Obere Hauptstraße 5
A-7100 Neusiedl am See

Das Largo ist eine sehr gut sortierte Weinbar mit sowohl regionalen Weinen als auch einer sehr guten internationalen Auswahl. Die Beratung ist fachmännisch. Es werden auch kleine Snacks angeboten. Optimal für einen kleinen weinkulinarischen Aperitif vor dem Essen oder zur Nachbereitung eines guten Abendessens.

Weinwerk Burgenland
Obere Hauptstraße 31
A-7100 Neusiedl am See
Tel.: +43 (0)2167 20705

Bis 19:00 Uhr ist täglich auch das Weinwerk geöffnet und bietet sich für eine kleine Weinverkostung vor dem Abendessen an. In der bestens sortierten Burgenland-Vinothek und der gut bestückten regionalen Greißlerei kann dann auch noch eingekauft werden. Hier findet man von vielen regionalen Erzeugern Produkte zum Mitnehmen.

Hier gibt es neben Nudeln, Würsteln und Marmeladen auch fertige Backmischungen oder Honig. Hier findet jeder etwas, was ihm schmeckt!

Außerdem finden im Veranstaltungsraum des Hauses immer wieder Kabarett oder Musikveranstaltungen statt.

Goodtime – Cocktail Bar
Kirchengasse 1
A-7100 Neusiedl am See
Tel.: +43 (0)699 1815100
Cocktail Bars sind in der ganzen Region rar. Mit dem Goodtime findet sich – abgesehen von der Mole West – eine der wenigen Möglichkeiten rund um den See, den Abend bei einem Cocktail ausklingen zu lassen. Man sollte in Neusiedl am See aber natürlich nicht New York erwarten.

Biotiger
Michael Deutsch
Gartenweg 21
A-7100 Neusiedl am See
Tel.: +43 (0)699 19565297
E-Mail: office@biotiger.at
Biotiger verkauft Pflanzenraritäten, verarbeitet in 30 verschiedenen Produkten, aber auch als Samen oder Pflanzen. Die Produkte tragen schöne Namen wie „Engelshaar- Marmelade" oder „Chili Kudlmudl" und schmecken hervorragend.
Bei Kauf „ab Hof" ist es gut, sich vorher telefonisch anzumelden.

Weintipps:
Weingut Königshofer
Untere Hauptstraße 34
A-7100 Neusiedl am See
www.vinumrex.at

Weingut Rittsteuer
Hauptplatz 18
A-7100 Neusiedl am See
Tel.: +43 (0)2167 2011
E-Mail: office@weingut-rittsteuer.at

Weingut Heinrich und Thomas Haider
Franz-Liszt-Gasse 15
A-7100 Neusiedl am See
www.weinguthaider-neusiedl.at

Wohntipps:
Gästehaus Nyikospark
Modern, aber gemütlich wohnen, sehr schön
Untere Hauptstraße 84
A-7100 Neusiedl am See
www.nyikospark.at

Hotel Wende
Schönes 4-Sterne-Hotel mit Wellnessbereich.
Seestraße 40
A-7100 Neusiedl am See
www.hotel-wende.at

Weiden siehe Tour 5

Weingartenpfirsich

Wenn man einmal einen vollreifen Weingartenpfirsich frisch vom Baum gepflückt und gegessen hat, kann man leider nie wieder einen im Supermarkt gekauften Pfirsich richtig genießen. Der Geschmack dieses Weingartenpfirsichs ist unübertrefflich süß, ein bisschen herb und wunderbar saftig.
Der Weingartenpfirsich ist schon lange ein Teil der Weingartenkultur in Österreich. Früher war der Weingarten viel mehr noch ein „Garten" als heute. Es wuchsen nicht nur Weinreben, sondern auch verschiedenes Obst und Gemüse im Weingarten. Diese Kultur wird im Burgenland auch nach und nach wieder mehr geschätzt.
Neben Kirschbäumen werden auch immer mehr „Pferscha", wie der Pfirsich im Burgenland heißt, gepflanzt.
Im Laufe der Zeit wurden viele verschiedene Sorten gezüchtet, die sich alle durch eine hohe Resistenz gegenüber Schädlingen auszeichnen und auch noch ausgezeichnet schmecken. Der Weingartenpfirsich wächst auf Bäumen, die nicht veredelt wurden, d. h. er wird direkt aus dem Kern gezogen.
Der Weingartenpfirsich ist sehr schwer haltbar und muss sehr frisch gegessen werden, da er leicht Druckstellen bekommt

Afrika-Feeling am Neusiedler See

Von Podersdorf nach Illmitz und zu den weißen Eseln

Die Tour in Kürze

Jahreszeit:	Im Sommer, um Steppe und Savanne samt Afrika-Feeling zu erleben.
Tour:	Radtour
Streckenlänge:	ca. 30 km, Schotterwege und Asphalt
Highlights:	mitten im Nationalpark, Lacken, weiße Esel, Aussicht über die
Kulinarik:	Heuriger Hölle, Zur Dankbarkeit in Podersdorf, Illmitzer, Presshaus, Gowerl-Haus in Illmitz u. v. m.

Die Radtour von Podersdorf nach Illmitz beginnt direkt beim Parkplatz zum Strandbad Podersdorf. Hier kann man das Auto kostenlos parken und findet mit Glück auch einen Schattenplatz. Von Podersdorf nach Illmitz ist die Orientierung eigentlich ganz einfach, man muss nur den Radschildern der B20 folgen. Direkt in Podersdorf ist es am einfachsten, wenn man die Seestraße gegenüber vom Steg geradeaus bergauf fährt und dann nach ca. 1,2 Kilometern nach rechts abbiegt. Hier folgt man dann den Schildern der B20 wieder zurück zum See und Richtung Illmitz.

Nach kurzer Fahrt kommt man an einer Weide mit Mangalitzaschweinen vorbei. Hier gibt es auch einen Rastplatz und einen Aussichtsturm.

Kurze Zeit später (kaum einen Kilometer) erreicht man schon die Hölle. Hier kann man im schattigen Gastgarten schon einmal eine Pause einlegen oder diese bis zur Rückfahrt aufsparen, da man da wieder an diesem Heurigen vorbeifährt.

Kurze Zeit später gibt es vor dem Oberen Stinkersee (einer großen Lacke) eine Kreuzung, bei der wir weiter geradeaus fahren. Zwischen Salzwiesen und kleineren und größeren Lacken fahren wir geradeaus über Schotterstraßen am Unteren Stinkersee und am Albersee vorbei (wir halten uns immer rechts), bis wir kurz nach der Zicklacke auf die Straße kommen, die von Illmitz zum Strandbad Illmitz führt. Diese fahren wir nur ungefähr 2 Kilometer nach rechts und biegen dann wieder nach links auf einen Feldweg Richtung Sandeck.

Der Weg ist hier sandig und zum Teil sehr tiefgründig, was das Fahren sehr anstrengend macht, vor allem, wenn man Gegenwind hat. Doch das sind nur wenige (ca. 3) Kilometer, und dann erreicht man das Sandeck.

Hier entstand durch natürliche Ablagerung von Sand durch den Neusiedler See ein Sandwall. Die rund um diesen natürlichen Damm gelegenen Feuchtwiesen sind ein ökologisch sehr wichtiger Teil des Nationalparks.

115

Hier sollte man sich die Zeit für eine Rast nehmen und den ehemaligen ungarischen Grenzturm besteigen. Von diesem hat man eine sensationelle Sicht über den See, die Lacken, das Schilf und die Feuchtwiesen.

Gleich neben dem Turm beginnt die Weide der weißen Esel. Diese Rasse ist vom Aussterben bedroht und soll hier gerettet werden.

Nach Illmitz zurück folgen wir der Straße weiter nach links zurück. Durch Illmitz durch folgen wir den Schildern der B20 bis zum Nationalparkzentrum. Von dort weiter geradeaus auf Asphalt zum Oberen Stinkersee und zurück zur Hölle.

Heuriger Hölle
In der Hölle
A-7142 Illmitz
Tel.: +43 (0)2177 2462
Als durchaus himmlisch kann die Aussicht von der leicht erhöht gelegenen Terrasse des Heurigen auf die Feuchtwiesen, Schilfgürtel und See bezeichnet werden. Essen und Weine sind – man muss fast sagen – trotz der touristischen Toplage sehr ordentlich.

Orte an der Tour

Illmitz siehe Tour 3
Podersdorf siehe Tour 5

Genusseinkauf am Ganslstrich

Die Tour in Kürze	
Jahreszeit:	Am Ende des Sommers, wenn das Gemüse reif ist und die Gänse sich sammeln.
Tour:	Radtour
Streckenlänge:	ca. 35 km, Asphalt
Highlights:	Zicksee, Badesee Apetlon, Tausende Gänse um die Lange Lacke
Kulinarik:	Paprika, Paradeiser, Chili u. v. m.

Tour 11

Jedes Jahr im Herbst sammeln sich Tausende Gänse rund um die Lange Lacke. Graugänse von Neusiedler See, aber auch aus Polen, Skandinavien und der Slowakei fallen hier jeden Abend ein.

Das Ende des Sommers ist auch die richtige Zeit, die Tour zu machen, da die Sonne nicht mehr so heiß vom Himmel brennt und das Gemüse zum Ernten reif oder gerade frisch verarbeitet ist.

Die Orientierung in der Tour ist recht einfach. Am besten startet man in St. Andrä am Zicksee, wo man am Ende der Tour noch am Zicksee rasten oder vielleicht an einem der letzten heißen Tage noch ins Wasser gehen kann.

Von St. Andrä geht es nach Tadten und dann über Wallern nach Pamhagen. Von Pamhagen ist es nicht weit bis nach Apetlon. Wer hier einen Abstecher zu den Steppenrindern machen möchte, folgt einfach den Schildern bis zum Stall der Steppenrinder. Hier gibt es einen großen Aussichtsturm, von dem aus man die Tiere beobachten kann.

Von Apetlon geht's zurück nach St. Andrä.

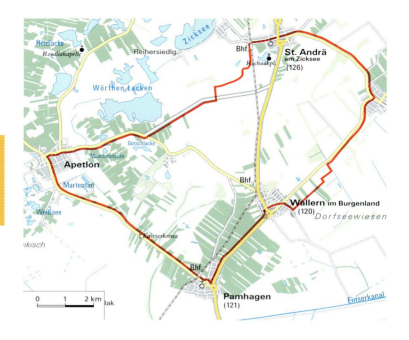

Radverleih an der Strecke:
Radsport Weinhandl
Wasserzeile 2
A-7143 Apetlon
Tel.: +43 (0)2175 2288
Fax: +43 (0)2175 2288-4
Mob.: +43 (0)69988474513
E-Mail: 2-rad.weinhandl@gmx.at

Orte an der Tour

Apetlon

Apetlon hat fast 2.000 Einwohner (die in der Region auch gerne als „Franzosen" bezeichnet werden, seit 1809 das französische Heer unter Napoleon durch den Ort zog und angeblich auch der eine oder andere Franzose zurückblieb) und ist ein sehr gemütlicher, schöner Ort. Im Zentrum gibt es ein paar außerordentlich schöne Häuser, einen Platz mit einem Ziehbrunnen und einige schilfgedeckte „Tschardaken" oder „Guri" (Maisspeicher). Aus Apetlon stammt auch eines der interessantesten Dialektwörter der Gegend: „Loh-Diri-Dari" und bezeichnet eine Bohrmaschine.

Etwas außerhalb des Ortes befindet sich der tiefst gemessene Punkt Österreichs, eine Tafel weist auf den Punkt hin.

Viehaustrieb

Der Viehaustrieb in Apetlon am ersten Maiwochenende hat schon jahrzehntelang Tradition, ab diesem Zeitpunkt dürfen die Viehherden (ca. 300 Stk. Fleckvieh) wieder auf den Wiesen des Nationalparks weiden. Sie grasen von Mai bis Oktober die Hutweiden ab und verhindern somit die Verbuschung des Landes und dass sich das Schilf weiter ausbreitet. Diese Veranstaltung findet zwischen Apetlon und Frauenkirchen am Fleckviehstall statt (ca. 2,5 km außerhalb von Apetlon). Am Tag des Viehaustriebs findet dort ein großes Fest statt, bei dem viel gegessen und getrunken wird, zudem gibt es viele Oldtimer-Traktoren zu besichtigen. Viele Reiter kommen aus den umliegenden Reithöfen.

Der Apetloner Badesee
Dieser See ist nicht eine der vielen Lacken im Seewinkel, sondern ist aus einer ehemaligen Schottergrube entstanden. Er ist somit relativ tief und klar. Es gibt hier eine schöne schattige Liegewiese und ein Strandbüffet. Hier kann man eine kurze Rast machen und ins Wasser springen. Der Eintritt ist kostenpflichtig.

Kulinariktipps
Gasthof „Zum fröhlichen Arbeiter"
Quergasse 98
A-7143 Apetlon
Tel.: +43 (0)2175 2218

E-Mail: office@tschidas.at
www.tschidas.at
Seit 90 Jahren besteht das Gasthaus der Familie Tschidas. Serviert wird hier regionale Kost wie Spargel, Mangalitzaschwein oder Steppenrind, es gibt jedoch auch je nach Saison Wild und Seewinkler Gemüse. Die Speisen sind fein und köstlich, der Service sehr aufmerksam. Ab Mitte August gibt es auch Flugente auf der Karte!
Die Familie betreibt im gleichen Gebäude eine Vinothek, in der man 100 Weine der Region zu „ab Hof"-Preisen kaufen kann.

Heuriger „Zum Hauer"
Quergasse 12
A-7143 Apetlon
Tel.: +43 (0)2175 3497
Sehr rustikaler und gemütlicher Heuriger, der ganzjährig geöffnet hat: Montag bis Samstag ab 16:00 Uhr, Sonntag ab 14:00 Uhr.

Dorfheuriger Klinger
Wasserzeile 3
A-7143 Apetlon
Tel.: +43 (0)2175 2375
Der Heurigen liegt direkt am Radweg zwischen Apetlon und Pamhagen. Im Lokal gibt es auch „Herberts Bauernmarkt", wo man diverse Spezialitäten wie Leckwar (Marmelade), Säfte,

original Apetlon Balas'n kaufen kann. Geöffnet Ostern bis 26. Oktober, Dienstag bis Sonntag ab 18:00 Uhr.

Weingut – Heurigenschenke Thell
Wasserzeile 23
A-7143 Apetlon
Tel. / Fax: +43 (0)2175 2939
E-Mail: weingut_thell@bnet.at
www.thell.cc
Dieser Heurige hat von Ostern bis Martini geöffnet, Dienstag bis Samstag ab 17:00 Uhr, Sonn- und Feiertage ab 12:00 Uhr. Der Heurige befindet sich in einem schilfgedeckten Gebäude mit schönem Gastgarten. Sehr gemütlich.

Bäckerei Möstl
Wallerner Straße 13
A-7143 Apetlon
An der unscheinbaren Bäckerei am Eck mit dem kleinen angeschlossenen Café sollte man nicht einfach nur vorbeifahren. Es gibt nur mehr wenige Bäckereien, wo noch selbst gebacken wird, und hier ausgezeichnet.

Tel.: +43 (0)2175 2210
E-Mail: office@weingut-haider.at
www.weingut-haider.at

Weingut Velich
Seeufergasse 12
A-7143 Apetlon
Tel.: +43 (0)2175 3187
E-Mail: weingut@velich.at
www.velich.at

Weingut Münzenrieder
Wallerner Straße 27
A-7143 Apetlon
Tel.: +43 (0)2175 2259
E-Mail: info@muenzenrieder.at
www.muenzenrieder.at

Wohntipps:
Residenz Velich
Illmitzer Straße 13
A-7143 Apetlon
Tel.: +43 (0)2175 54000
www.velich.at
Kleines Boutiquehotel in einem ehemaligen Zollhaus mit 5 Zimmern und Wellnessbereich bei der Winzerfamilie Velich. Hier kann man sehr stilvoll wunderschöne Tage verbringen

Weintipps:
Bioweingut Haider
Storchenplatz 1
A-7143 Apetlon

Pamhagen

Pamhagen ist der südlichste Ort des Seewinkels und nur einen Katzensprung von Ungarn entfernt. Der etwas verschlafene Grenzort ist ein klassischer burgenländischer Bauernort mit Streckhöfen. Nur selten verirren sich Touristen hierher, meist, um Radtouren nach Ungarn zu unternehmen. Ein schöner Anger befindet sich beim Eingang des Ortes. Ein interessantes Gebäude ist der Türkenturm. Dieser allein stehende 10 Meter hohe Turm soll im 17. Jahrhundert zum Zeichen der Unterwerfung unter türkische Herrschaft von der Ortsbevölkerung erbaut worden sein.

Hotel und Feriendorf Villa Vita

Mitten im Seewinkel wurde auf 200 Hektar Fläche ein großes Resort gebaut, in dem man luxuriös und entspannt Ferien machen kann. Das Resort hat Dorfcharakter und bietet Wellness- und Sportmöglichkeiten, Kinderspielplätze und Badebereiche. Für gastronomische Vielfalt ist ebenso gesorgt, es gibt verschiedene Restaurants, Bars und Weinkeller.
Storchengasse 1
7152 Pamhagen

Pamhagener Gärtner- und Bauernmarkt

Jeden zweiten Mittwoch im Monat (von Mai bis November) findet in Pamhagen vor dem Tourismusbüro der Gärtner- und Bauernmarkt statt. Hier verkaufen verschiedenste Aussteller ihre Produkte zu „ab Hof"-Preisen, es gibt eine Schauküche, in der auf Holz frisch gekocht wird! Absoluter Tipp!

Fleischerei Karlo

„An Pressschinke moch i net!", sagt Martin Karlo vom gleichnamigen Fleischhauerbetrieb in Pamhagen. Hier wird noch alles selbst gemacht, aber nicht jedes Produkt muss es auch geben. Die Fleischerei Karlo ist exklusiver Schlachter und Verarbeiter der Steppenrinder aus dem Nationalpark. Martin Karlo ist

ein Fleischhauer, der auf Qualität setzt und neben Fleisch auch noch Aufstriche und Würste von Steppenrind und Büffel aus dem Nationalpark erzeugt. Besonderer Stellenwert gilt auch den Fleischwaren und Produkten rund um das Mangalitzaschwein. Will man ein besonderes, größeres Stück, sollte man es vorbestellen.

Rosengasse 1
A-7152 Pamhagen
Tel.: +43 (0)2174 2126
E-Mail: fleischerei.karlo@aon.at
www.fleischerei-karlo.at

Seewinkler Eierteigwaren
Inh. Barbara Gelbmann
Hauptstraße 53
A-7152 Pamhagen
Tel. +43 (0)2174 2146
E-Mail: office@seewinkler-eierteigwaren.at

Michael Andert
Michael Andert ist anders. Andert ist „Pamhogna", und so heißt auch sein Wein. Bio, Demeter, Vielfalt und Originalität stehen über seinen Produkten. Seine Weine sind hervorragend,

der Ruländer, ein Weißer, der aber eigentlich lachsfarben mit Bernsteintönen ist, eine echte Spezialität, die unbedingt probiert werden sollte.

Andert legt aber auch Gemüse ein, brennt Schnaps, macht Traubensäfte und zerlegt nicht nur bei Max Stiegls Sautanz im Gut Purbach gerne ein Mangalitzaschwein, sondern versteht es auch, einen herrlichen Lardo, ein gutes Geselchtes, schmackhaften Speck und gute Würste herzustellen, wenn es denn darauf ankommt.

Eine besondere Spezialität bei Michael Andert sind aber seine Ausflüge in den eigenen Garten samt Schaukochen. Hier kann bei der Ernte mitgeholfen und bei urigem Kochen zugesehen werden. Michael Andert macht dies für Schulklassen und Gruppen ab 4 Personen gegen Voranmeldung! Ein Tag mit Michael Andert ist garantiert ein kulinarisches Erlebnis der leider viel zu seltenen und mittlerweile unüblichen Art und ebenso sicher hoch unterhaltsam.

Lerchenweg 16
A-7152 Pamhagen
Tel.: +43 (0)680 5515472
E-Mail: pamhogna@wellcom.at

Wallern

Wallern begrüßt mit „Willkommen im Gemüsegarten Österreichs". Tatsächlich wachsen in den Feldern rund um den Ort Gemüse, wie Paradeiser, Paprika, Radieschen, Jungzwiebel, Chinakohl, Salat, Karfiol, Zucchini etc. In Wallern scheint an 300 Tagen im Jahr die Sonne! Der Ort ist bäuerlich geprägt mit Streckhöfen, die Gemüsefelder schließen direkt an den Ort an. Hier sieht man auch riesige Flächen, die mit Gewächshäusern verbaut wurden.

Naturbackstube Unger

Zwei Mal in der Woche kann man im kleinen Shop von Elisabeth Unger das Sauerteigbrot aus dem Steinbackofen einkaufen. Wenn Sie das Glück haben, an den Öffnungstagen in Wallern zu sein, lassen Sie sich das auf keinen Fall entgehen!

Für das Gebäck wird nur Getreide aus dem eigenen umweltschonenden Anbau verwendet. Öffnungszeiten auf der Homepage.

Pamhagener Straße 35
A-7151 Wallern im Burgenland
Tel.: +43 (0)2174 26071
E-Mail: elisabeth@naturbackstube.com
www.naturbackstube_im_seewinkel.bnet.at

Landhaus Tauber

Bahngasse 94
A-7151 Wallern
Tel.: +43 (0)2174 2217
E-Mail: g.tauber@wellcom.at
www.johannes-zeche.at

Das Landgasthaus Tauber verkocht regionale Gemüsesorten, aber auch Wild, Fleisch und Fisch von lokalen Lieferanten.

In gemütlichen hübschen Zimmern kann man hier in Wallern übernachten.

Weintipp:

Bio-Weingut, Essig- und Ölmanufaktur Günter Fink

Bahnstraße 66
A-7151 Wallern im Burgenland
Tel.: +43 (0)2174 2384
E-Mail: weingut@fink.at

Tadten

Tadten ist ein charmanter, ruhiger Ort mit vielen Bäumen und grünen Plätzen im Zentrum, ein großer Anger, der viel Ruhe ausströmt, ist noch erhalten. Es gibt einige große Gemüsebauern und sonst hauptsächlich Weinbauern, die ihre Reben rund um den Ort bewirtschaften. Tadten liegt mitten im Nationalpark, und im Süden des Ortes schließen die Hansag Wiesen an, die als Brutgebiet für die Großtrappe geschützt sind.

Schafzucht Hauzinger

In einer Gasse ziemlich am Ortseingang befindet sich der Hof des bekannten Bio-Schafbauern Hauzinger. Ab März ist der angeschlossene „ab Hof"-Laden geöffnet, in dem man Milch-, Fleisch- und Wollprodukte kaufen kann. Hier kann man neben Dauerwurst oder Fleischaufstrich auch Schafjoghurt und Käse kaufen. Wenn man in der Nähe ist, sollte man bei der sympathischen Familie, die großen Wert auf die gute Behandlung der Tiere und die Nähe zur Natur legt, Halt machen.

Jägerweg 15
A-7162 Tadten

Weintipps:

Weingut Robert Goldenits
Untere Hauptstraße 8
A-7162 Tadten
Tel.: +43 (0)2176 2294
E-Mail: robert@goldenits.at
www.goldenits.at

Weingut Wurzinger
Obere Hauptstraße 11
A-7162 Tadten
Tel.: +43 (0)2176 3451
E-Mail: office@weingut-wurzinger.at
www.weingut-wurzinger.at

Weingut Erich Sattler
Obere Hauptstraße 10
A-7162 Tadten
Tel.: +43 (0)699 11658571
E-Mail: erichsattler@gmx.at
www.erichsattler.at

St. Andrä am Zicksee

St. Andrä ist ein schöner Ort mit großem Anger. Der Ort selbst ist sehr ruhig, und der Zicksee mit der Feriensiedlung ist ca. 2 Kilometer vom Zentrum des Ortes entfernt.

Apfelbauernhof Leeb
Nicht nur frische Äpfel, sondern auch Essig, Chips, Saft und Schnaps kann man im Laden der Familie Leeb in St. Andrä kaufen. Viele verschiedene Sorten werden angebaut, und die Saison für frische Äpfel ist somit lange. Kaufen kann man die Äpfel auch direkt „ab Hof".
Wiener Straße 40
A-7161 St. Andrä am Zicksee
Tel.: +43 (0)664 4513614
E-Mail: vera@allesapfel.at

Weintipp:
Weingut Ziniel
Hauptstraße 47
A-7161 St. Andrä am Zicksee
Tel.: +43 (0)2176 2116
E-Mail: office@ziniel.atwww.ziniel.at

Mangalitza

Das Mangalitzaschwein zählt zu den ältesten Schweinerassen Europas. Das Wollschwein zeichnet sich dadurch aus, dass es besonders fett ist. Es gibt mehrere Rassen von Mangalitzaschweinen, am bekanntesten sind das blonde, das rote und das Schwalbenbäuchige Mangalitzaschwein. Da in den letzten Jahrzehnten Schweinefett einen schlechten Ruf bei den Konsumenten hatte, starb die Wollschweinzucht beinahe aus. Erst in den letzten Jahren gibt es vermehrt Züchter dieser seltenen Rassen. Es gibt jedoch immer noch nicht genug, um die Produkte in Supermärkten anzubieten, das Fleisch und die anderen Produkte werden hauptsächlich an die Spitzengastronomie und „ab Hof" verkauft. Die wenigen Züchter sind meist Kleinbauern, die wenige Schweine im Freiland halten und selbst die Produkte erzeugen und vermarkten. Das Mangalitzaschwein wächst viel langsamer als die gängigen Zuchtrassen und muss daher vom Bauern länger gefüttert und am Hof gehalten werden, was natürlich die Produktion verteuert. Durch die Haltung im Freiland graben die Schweine die Bodendecke auf und ernähren sich neben oberirdischen Pflanzenteilen auch von Wurzeln und Kleingetier.

Das Fleisch gilt als besonders bekömmlich und weist ernährungsphysiologisch bessere Werte auf als das Fleisch konventioneller Zuchtschweine. Neben dem Fleisch sind aber vor allem Grammeln, Schmalz, Leberaufstriche oder Leberkaas (eben eigentlich ein Leberaufstrich) besonders begehrt.

Produkte können bezogen werden:
Göltl Frauenkirchen
Gowerl-Haus Illmitz
Triebaumer Rust
Karlo Pamhagen
Alte Mauth Neusiedl

Steppentierpark Pamhagen

Ziegen, Schafe, Esel, Rinder, Wollschweine, aber auch Bären, Wölfe, Luchse und Greifvögel kann man im Steppentierpark Pamhagen hautnah erleben. Auf einer Fläche von 13 Hektar sind 50 Tierarten zu Hause und werden artgerecht gehalten.

Den Steppentierpark kann man auch an heißen Sommer- oder Herbsttagen besuchen, es gibt genügend Bäume und Schatten. Überhaupt ist die Anlage sehr abwechslungsreich mit den verschiedenen Wäldchen, Teichen und Lichtungen.

Nicht nur für Familien mit Kindern ein toller Ausflug.

Steppenrinder

Tatsächlich an afrikanische Steppen und Savannen erinnert eine Sichtung der großen Herde von Grauen Steppenrindern, die im Bereich Sandeck zwischen Apetlon und Illmitz seit 1995 wieder halbwild die weite Ebene

des Nationalparks besiedeln. Es handelt sich dabei um eine für diese Gegend über Jahrhunderte traditionelle Rasse von Rindern mit langen, spitzen Hörnern, die an die kargen, trockenen Böden bestens angepasst sind und sich in ihrem weitläufigen Weidebereich wandernd ihre Nahrung suchen. Durch das Herumziehen und Grasen verhindert die Herde das Aufkommen von Büschen und Bäumen und sorgt so für den natürlichen Erhalt der vielfältigen Steppenlandschaft.

Der Anblick der urigen Tiere erinnert mehr an Büffel denn an Kühe, wie man sie von den saftigen Almen der österreichischen Gebirgslandschaften kennt. Breite Schultern, ein gewaltiger Nacken, ledrig wirkende Haut und die mächtigen Hörner machen die exotische Erscheinung aus. Die mehr als 50 Wasserbüffel, die sich zur über 500 Exemplare starken Graurindherde gesellen, fallen daher auf den ersten Blick auch kaum auf.

Die Tiere verbringen den Großteil des Jahres auf sich gestellt auf ihrer Weide im Freien, und selbst der letzte Tag kommt besonders schonend. Die Steppenrinder und Büffel werden nicht geschlachtet, sondern wie Wild geschossen.

Im Gegensatz zum klassischen

Rind sind die Gustostücke der Tiere weniger die klassischen Edelteile wie Beiried oder Lungenbraten, sondern jene Stücke, die man vor allem für Schmorgerichte verwendet: Backerl, Wadschunken, Tristel, Schulterscherzerl oder auch der Tafelspitz. Nicht umsonst haben Gerichte wie Gulyas und Pörkölt ihre Wurzeln in der Pannonischen Tiefebene, und der Tafelspitz ist das traditionelle Hochzeitsgericht bei einer Hochzeit im Seewinkel. Gesotten und langsam geschmort, ist das magere Fleisch der Steppenrinder eine unübertreffliche Delikatesse.

In der Gastronomie ist vor allem in Apetlon und Illmitz die Wahrscheinlichkeit, köstliche Gerichte vom Graurind auf der Karte der Gasthäuser zu finden, recht hoch. Adressen, die regelmäßig traditionelle Schmankerl vom Steppenrind führen, sind in Illmitz beispielsweise „Der Illmitzer", das „Gowerl-Haus" oder das „Landgasthaus Karlo" und in Apetlon das Nationalparkstüberl.

Will man die Tiere sehen, braucht man nur in Apetlon den Schildern zu den Steppenrindern zu folgen. Ein paar Kilometer außerhalb des Ortes liegt der große Bauernhof, von dem aus die Rinder betreut werden. Daneben ist ein hoher Turm (ein ehemaliger Grenzturm), der einen weiten Blick über die Puszta erlaubt und von dem aus man die Tiere beobachten kann.

Seewinkler Gemüse

Paradeiser und Paprika sind die am meisten verbreiteten Gemüsesorten, doch noch 22 andere werden unter dem Schutzmantel der „Genussregion Seewinkler Gemüse" vermarktet. Gemüse, wie Porree, Zuckermais, Brokkoli, Sellerie oder Endivien, werden ebenso angebaut wie Knoblauch, Kürbis oder Kraut. Die Bauern und Gärtner versuchen, beim Gemüseanbau besonders nachhaltig zu sein und bei der Beheizung der Gewächshäuser und bei der Bekämpfung der Schädlinge umweltschonend und emissionsarm zu arbeiten.

Das Gemüse wächst im Freiland und in Gewächshäusern und wird ab März geerntet.

Herbst

Über das Ruster Hügelland

Mörbisch - St. Margarethen - Oslip - Schützen - Oggau - Rust

Die Tour in Kürze	
Jahreszeit:	Im Herbst, wenn die Blätter der Weingärten rot und braun sind.
Tour:	Radtour
Streckenlänge:	ca. 30 km, hügelig, Asphalt
Highlights:	Ausblicke über den See, die Perle des Sees Rust, die Hofgassen in Mörbisch, der Ayers Rock des Burgenlandes, die Cselley Mühle in Oslip
Kulinarik:	auf dieser Tour bleibt kein Wunsch offen: vom 4-Hauben-Lokal, dem Taubenkobel, über Genusswirte in Oggau zu Hauben-Lokalen in Rust, aber auch einfache rustikale Heurigen und Genussshops finden sich auf dieser Strecke

Die Tour ist ca. 30 Kilometer lang und etwas anspruchsvoller, da sie immer durch das Ruster Hügelland führt und bergauf und bergab geht. Die Anstrengung wird aber mit wunderschönen Ausblicken über den See, den Schilfgürtel und die Weingärten belohnt. Außerdem lernt man auf kurzer Distanz sechs schöne Orte kennen und kann kulinarische Höhepunkte erleben.

Am besten startet man die Tour in Mörbisch am See. Hier gibt es genug Parkplätze.

Vom See startet man geradeaus in den Ort Mörbisch, quert die Hauptstraße und fährt noch weiter geradeaus die Dr.-Johann-Wurditsch-Gasse entlang. Bei der

Trafik biegt man rechts in die Hauserstraße ab und fährt geradeaus Richtung Rust. Hier hat man eine wunderschöne Aussicht über den Neusiedler See und das Ruster Hügelland.

Kurz vor Rust teilt sich der Weg, und wir fahren bergauf nach links Richtung St. Margarethen, wo wir bis zur Kirche fahren. Von der Kirche nehmen wir die Siegendorferstraße (nicht Richtung Hauptplatz, sondern die andere Richtung) und queren die Rusterstraße, fahren die Hauptstraße weiter geradeaus und dann 40 Meter auf der Haussatzstraße nach links und gleich wieder rechts auf die Professor-Dobrowsky-Gasse. Diese führt geradeaus nach Oslip. Hier ist es sehr eben, und man fährt gemütlich zwischen Feldern mit Blick auf die Hügel von St. Margarethen dahin.

Von Oslip nach Schützen ist ebenfalls die Orientierung sehr leicht, durch Oslip führt die Hauptstraße, der man geradeaus folgt (danach heißt die Straße Sachsenweg), bis man kurz vor Schützen auf die Hauptstraße kommt. Wenn man die Hauptstraße nach links nimmt, kommt man über die Wulkabrücke in das Zentrum von Schützen am Gebirge.

Auf dieser Kreuzung ist auch die Straße, auf die man bei der Weiterfahrt nach rechts abbiegt. Hier folgt man dem natürlichen Straßenverlauf immer geradeaus bis nach Oggau.

Von Oggau bis Rust und weiter nach Mörbisch zurück ist die Orientierung wieder recht einfach, und der Radweg ist gut ausgeschildert.

Von Oggau bis Mörbisch kann man den Radweg oberhalb der Bundesstraße in den Hügeln wählen, wo man immer wieder durch Weingärten fährt und den See immer im Blick hat, oder direkt unten am See, wo man näher am Schilf ist und der Weg sehr eben ist.

Insgesamt ist die Tour schon etwas anspruchsvoller, aber absolut lohnend!

Radverleih an der Strecke:
FahrRad Migschitz
Hauptplatz 3
A-7062 St. Margarethen
Tel.: +43 (0)2680 42080
E-Mail: office@migschitz.at
www.migschitz.at

Radservice:
Radlgwölb Franz Artner
Hauptstraße 34
A-7062 St. Margarethen
Tel.: +43 (0)2680 2238-13
E-Mail: info@radlgwoelb.at
www.radlgwoelb.at

FahrRad Migschitz
Hauptplatz 3
A-7062 St. Margarethen
Tel.: +43 (0)2680 42080
E-Mail: office@migschitz.at
www.migschitz.at

Orte an der Tour

St. Margarethen

St. Margarethen ist durch die Opernbühne im Steinbruch des Ortes bekannt. Der Steinbruch liegt ein paar Kilometer außerhalb des Ortes und war seit den 1960er-Jahren Spielort für die von Laien aufgeführten Passionsspiele. Der Steinbruch wurde dabei von Marcel Prawy als Spielstätte für Opern entdeckt und unter dem Intendanten Markus Werner zu einem bekannten Festspielort ausgebaut.

Rund um den Steinbruch befindet sich Wiesen, auf dem sich das Symposiongelände des Bildhauersymposions St. Margarethen befindet. Hier wurden bildhauerische Werke internationaler Künstler von den 1950er- bis zum Ende der 1970er-Jahre aufgestellt, bis das Symposion zu einem Ende fand.

Heute sieht man hier noch etwa 50 der 150 Skulpturen, die hier entstanden sind. Die Kunstwerke verteilen sich großteils auf dem Hügel über dem Steinbruch. Oben findet sich auch eine kleine Kapelle, und die Aussicht über den See und Rust ist perfekt.

Der Ort selbst hat ca. 2.700 Einwohner und ist ein traditioneller Weinort. Entlang der langen Straße, die sich durch das Dorf windet, gibt es einige schön restaurierte Gebäude und jede Menge an Heurigen, durch die man sich einfach durchprobieren kann.

Opernfestspiele St. Margarethen

Seit 1996 finden in einem Steinbruch in der Nähe von St. Margarethen die von Marcel Prawy ins Leben gerufenen Opernfestspiele statt.
Der Römersteinbruch, aus dem die Steine für den Bau der Wiener Ringstraßengebäude und des Stephansdoms gewonnen wurden, ist seit 2001 Weltkulturerbe und eine spektakuläre Kulisse für die Opernvorführungen. Rechts und links neben der Bühne ragen hohe Sandsteinfelsen empor, die durch die Beleuchtung während der Vorstellungen noch beeindruckender wirken. Der Steinbruch ist im Besitz der Esterházy-Privatstiftung, die in den letzten Jahren die Infrastruktur im Steinbruch gut ausgebaut hat. Jedes Jahr wird auf der großen Bühne eine Oper aufgeführt, wobei hauptsächlich Verdi, jedoch auch Mozart, Puccini und Bizet gespielt wurden. Die Inszenierungen sind spektakulär mit lebenden Pferden, einer Unmenge an Statisten und Lichteffekten. Am Ende jeder Vorstellung findet ein beeindruckendes Feuerwerk statt.
Der Steinbruch ist mit 7.000 Quadratmetern riesig, 4.670 Besucher finden pro Abend hier Platz! Bis zu 220.000 kommen jährlich zu den spektakulären Inszenierungen der Opernfestspiele auf der Naturbühne! Das bedeutet aber auch, dass der Gesang elektronisch verstärkt werden muss und es in den hinteren Reihen Sinn macht, ein Opernglas mitzunehmen, da man sonst das Geschehen auf der Bühne nur schwer verfolgen kann.
Außerhalb der Opernsaison präsentieren die Opernfestspiele St. Margarethen Konzerte in den Bereichen Klassik, Pop und Jazz. Zu Gast waren schon Hubert von Goisern, Paolo Conte, Udo Jürgens.

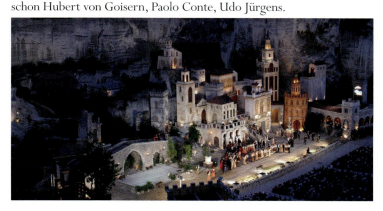

Familypark Neusiedler See

Was Ende der 1960er-Jahre als Märchenpark mit einigen Märchenfiguren in einem Wald begann, ist in den letzten Jahrzehnten zu einem modernen Vergnügungspark ausgebaut worden. Der Familypark Neusiedler See ist aber trotzdem immer noch ein charmanter, familiär gestalteter Vergnügungspark, der mit Kindern auf jeden Fall einen Besuch wert ist!
Auf über 140.000 Quadratmetern gibt es Angebote für die kleinsten (d. h. für Kinder ab dem Zeitpunkt, ab dem sie laufen können) genauso wie für größere Kinder und kind-gebliebene Erwachsene.
Es gibt Fahrattraktionen (Schweinereiten, Drachenbahn, Traktorenbahn usw.) für die Kleinen bis hin zu wilden Achterbahnen für die Großen), Möglichkeiten zum Klettern und Spielen und einen Streichelzoo. Bei hohen Temperaturen ist vor allem der Wasserspielplatz bei Kindern beliebt. Geöffnet ist der Park von Ostern bis nach dem Österreichischen Nationalfeiertag Ende Oktober.

Familypark Neusiedler See
Märchenparkweg 1
A-7062 St. Margarethen im Bgld.
Tel.: +43 (0)2685 60707
E-Mail: office@familypark.at

Oslip

Oslip ist ein verschlafener Ort in der Wulkaebene. Auf den ersten Blick hat man den Ort schnell gesehen. Die örtliche Pfarrkirche ist recht hübsch mit ihrem gleich angrenzenden Friedhof und der Pestsäule, und die ehemalige Dorfmühle, die Storchenmühle, mit der barocken Einfahrt ist auch sehenswert. Es gibt in Oslip noch viele Hofgassen, die jedoch meistens mit großen Toren verschlossen sind.

Was aber auf den zweiten Blick beeindruckt, ist das kulturelle Leben in diesem Ort.

Die Cselley Mühle (siehe rechte Seite) und die NN Fabrik (siehe Exkurs) finden hier ebenso ihren Platz wie eine berühmte Tamburica-Gruppe.

Oslip ist ein zweisprachiger Ort (kroatischer Name Uzlop), wobei die Mehrheit der Bevölkerung zur burgenlandkroatischen Volksgruppe zählt und neben der Hauptsprache Deutsch auch Burgenland-Kroatisch spricht.

Kulinariktipp
Broaska Schenke-Rastok-Borozo
Bahnstr 18
A-7064 Oslip
Tel.: +43 (0)2684 2744

Ein urtümlicher Heuriger mit schöner Weinlaube, gutem Essen und charmantem Service.

Freilichtmuseum Oslip

Die NN Fabrik wurde vom Künstler Johannes Haider ins Leben gerufen. Im jederzeit frei zugänglichen Außenbereich ist ein beeindruckender Skulpturengarten zu besichtigen, dieser zeigt Skulpturen von Johannes Haider und befreundeten Künstlern. Das Atelier Haiders kann auch zu den unten angegebenen Zeiten besichtigt werden.

Skulpturengarten

Cselley Mühle

Die Cselley Mühle ist ein altes Gebäude (aus dem 16. Jahrhundert), das ursprünglich als Mühle genutzt wurde und jetzt von einem Kulturverein als Veranstaltungszentrum, Spielstätte, ihre Kunst zu präsentieren.

Der Innenhof mit dem Taubenkobel und den großen Bäumen, die viel Schatten spenden, ist sehr malerisch.

Es gibt mehrerer Lokale, die zum Teil auch zur vorstellungsfreien

Lokal etc. verwendet wird.

Das Veranstaltungszentrum wurde 1976 eröffnet und besteht seither durchgehend.

Hier finden in verschiedenen Räumen und Hallen die unterschiedlichsten Veranstaltungen, wie Kabarett, Konzerte (Punk, Rock, Urban Art, etc.), Spiele oder Tamburica-Abende statt.

Es gibt auch Ausstellungsflächen und Räume, die man für Seminare etc. buchen kann. Die Veranstalter der Cselley Mühle versuchen immer wieder, neuen zeitgenössischen Künstlern und Musikern Raum zu geben, um Zeit geöffnet sind. Diese sind innen oft mit hübschen Herden, Öfen und offenen Feuerstellen geheizt und sehr gemütlich. Es lassen sich hier sowohl im Winter drinnen als auch im Sommer draußen schöne und lange Abende verbringen. Die Lokale sind sehr gemütlich und charmant und die Preise moderat.

Cselley MühleSachsenweg 63
A-7064 Oslip
Tel.: +43 (0)2684 2209
E-Mail: info@cselley-muehle.at
www.cselley-muehle.at

Burgenlandkroaten

In vielen Orten im Burgenland im Grenzgebiet zu Ungarn gibt es eine kroatische Minderheit. Diese Burgenlandkroaten wurden von ungarischen und österreichischen Adeligen im 16. Jahrhundert in das Grenzgebiet geholt, um die nach den Türkenkriegen verwüsteten Orte wieder zu besiedeln.

Die Kroaten konnten sich bis ins 20. Jahrhundert ihre Sprache und Kultur bewahren. Erst in der Zeit des Nationalsozialismus in Österreich wuchs der Assimilierungsdruck, und die kroatische Sprache verlor an Bedeutung. Die Sprache wurde als minderwertig angesehen, und viele Kroaten versuchten, ihre Herkunft in der Öffentlichkeit zu verbergen, um der Diskriminierung zu entgehen. In den Familien wurden die Sprache und Kultur weiter gepflegt. Nach letzten Zählungen bezeichnen sich in Österreich noch ca. 25-30.000 Menschen als Kroaten. Obwohl heute kein Burgenlandkroate mehr Angst haben muss, gibt es nach wie vor Probleme bei Förderung der Minderheiten. Es gibt nicht genügend zweisprachige Schulen oder Kindergärten.

Die Kultur jedoch wird immer weiter gelebt. Ein Beispiel dafür sind die Tamburica-Gruppen, die es in beinahe jeder kroatischen Gemeinde gibt. Diese Gruppen tragen traditionelle kroatische Trachten, singen kroatische Lieder. Gespielt wird auf Instrumenten, die Tamburica heißen, Zupfinstrumenten, die es in verschiedenen Stimmlagen und Größen gibt. Regelmäßige Tamburica-Abende finden in der Cselley Mühle in Oslip statt.

Schützen am Gebirge

Schützen, im Volksmund „Gschias" genannt, hat beim Namen „am Gebirge" doch etwas übertrieben. Gschias liegt in der Ebene am Fuße des Leithagebirges und ist ein kleiner Ort, der in den letzten Jahren sehr unter dem Verkehr der durchfahrenden Autos gelitten hat.

Im Jahr 2013 wurde nach langem

Restaurants

Schützen am Gebirge ist aber nicht für die Sehenswürdigkeiten bekannt, sondern weil hier seit Jahren auf höchstem Niveau gekocht wird. Walter Eselböck hat hier 1984 mit seiner Frau dieses Lokal eröffnet und war sicher einer der wichtigsten Treiber der Entwicklung der Region zum kulinarischen Hotspot.

Hofgasse in Schützen

politischen Hickhack endlich mit dem Bau der Umfahrung begonnen, die jedoch zum Zeitpunkt der Erstellung dieses Reiseführers noch nicht fertig war.

Der Ort hat ca. 1.400 Einwohner, und obwohl 1911 ein Feuer den Ort fast vollständig zerstört hat, sind hier noch einige der alten Stadlzeilen und Hofgassen erhalten.

Die Greißlerei: das Bistro

Die Greißlerei war ursprünglich ein Shop für regionale und auch internationale Spezialitäten. Dieser Shop besteht immer noch, er wurde aber um ein Bistro erweitert.

An wenigen Tischen drinnen und auch im sehr kleinen Gastgarten vor dem Lokal (übrigens direkt neben einem der mittlerweile raren Maulbeerbäume, von dem auch für Marmeladen usw. geerntet wird) kann man von einer kleinen Karte saisonal abhängig einige Gerichte wählen. Hier kann man einen, zwei oder, wenn man sehr hungrig ist, auch drei Gänge essen und sich ganz unverkrampft dem Mythos „Eselböck" nähern. Das Essen ist sensationell, der Service aufmerksam und schnell. Die Atmosphäre ist hier sehr locker und gemütlich, die Preise dem Gebotenen entsprechend hoch, aber in einem guten Verhältnis zur Leistung.

Die Greißlerei: der Shop

Im Shop gibt es nicht nur regionale, sondern auch internationale Spezialitäten.
Das Küchenteam um Walter Eselböck stellt viele der hier verkaufen Spezialitäten auch selber her.

Taubenkogel

Das Restaurant Taubenkobel ist ein Betrieb, der immer wieder mit Auszeichnungen überhäuft wird. Das geschmackvoll eingerichtete Restaurant hat einen schönen Gastgarten, und das Team um die Gastronomenfamilie schafft es, dass man sich als Gast hier sehr wohlfühlt.
Die Küche ist großartig und erfindet sich immer neu, sodass man immer wieder einen Grund findet hierherzukommen.
Ganz sicher einer der Leitbetriebe der Region.
Die Qualität hat selbstverständlich auch ihren Preis.

Weintipp
Weingut Prieler
Hauptstraße 181
A-7081 Schützen / Gebirge
Tel.: +43 (0)2684 2229
E-Mail: weingut@prieler.at
www.prieler.at

Oggau

Oggau ist ein kleiner, unaufgeregter Ort, der nicht sehr touristisch anmutet.
Der Seezugang besteht aus einem schönen Jachthafen mit Bootsverleih und der rustikalen Hafenkneipe „Blue Marlin". Der Jachthafen liegt mitten im Schilf, eine Möglichkeit zum Schwimmen gibt es hier leider nicht wirklich (wenn man nicht gerade im Hafen selbst plantschen möchte). Ein paar Kanäle ziehen sich von hier durch das Schilf, an denen man auch noch ein Stück entlangspazieren kann. Gleich vor dem Eingang zum Jachthafen liegt aber das Freibad

Oggau. Dieses schöne Bad mit vielen Liegeflächen und schönem alten Baumbestand lädt zum Baden ein. Hier gibt es ein großes 50-Meter-Becken zum Schwimmen und einen Sprungturm. Das Bad

ist zwar schon etwas älter, trotzdem oder gerade deshalb ist es ein sehr charmantes Freibad.

Eine typische Stadlzeile samt Resten der alten Verteidigungsmauer, die einst den Ort vor Angriffen schützen sollte, findet sich in einer kleinen Gasse kurz vor der Ortsausfahrt nach Rust. Die Gasse ist auch der Zugang zur Kirche.

Besonders stolz sind die Oggauer aber auch auf ihren „Ayers Rock des Burgenlandes", den Hölzelsberg. Etwas außerhalb des Ortes liegt dieser 10 mal 20 Meter große und 157 Meter hohe Kalkstein, der als niedrigster Kletterberg Österreichs gilt. Vom Kletterfelsen hat man einen tollen 360-Grad-Blick auf den See, die Nachbarorte Donnerskirchen und Eisenstadt und, wenn die Sicht gut ist, bis in die Alpen (Rax-Schneeberg). Zum Hölzelsberg und zur Rosaliakapelle, die gleich danebenliegt, führt der schöne Kulturwanderweg.

Der Kulturwanderweg

Dieser Wanderweg eignet sich sowohl für Fußgänger als auch für Fahrradfahrer, da er immer auf befestigten Wegen verläuft. Er ist ca. 6 Kilometer lang und startet im Ortszentrum von Oggau.

Man kann den Weg auf der Hauptstraße beginnen und hier nach Westen (Richtung Hügel, weg vom See) losgehen und dann den Schildern des Kulturwanderwegs nach rechts folgen. Der Weg geht leicht ansteigend durch die Weingärten Richtung Hölzlstein und an diesem vorbei in die Nähe der Rosaliakapelle und zurück zum Ort.

Der Weinwanderweg

Dieser Weg ist durchgehend asphaltiert und startet am höchsten Punkt des Ortes. Der Weg ist ca. 2 Kilometer lang und bietet wunderschöne Ausblicke über Oggau und Rust und den See. Es gibt auf dem Weg auch einige Stationen, an denen Informationen über den Weinbau gegeben werden und einige alte Werkzeuge und Geräte zu besichtigen sind. Außerdem gibt es einen netten Rastplatz mit schöner Aussicht direkt über Oggau, da der Weg in den Hügeln oberhalb des Ortes verläuft. Ein schöner Spaziergang!

Fischerei Schwarz
Einer der wenigen Berufsfischer, die am Neusiedler See noch geblieben sind.
Hier kann man frische und geräucherte Fische kaufen. Wenn man in der Feriensaison etwas braucht, sollte man vorher anrufen, die Gastronomen aus der Gegend haben eventuell schon die Regale leer geräumt. Nicht jeden Tag sind außerdem die gleichen Fische im Netz.
Seegasse 26
A-7063 Oggau
Tel.: +43 (0)664 3827478 oder +43 (0)2685 7123
E-Mail: helmut-betty@bnet.at

Gutsgasthaus Zum Herztröpferl
Triftgasse 1
A-7063 Oggau
Tel.: +43 (0)664 4747080
www.herztroepferl.at

Das Gutsgasthaus Zum Herztröpferl ist ein absoluter Tipp! Im Sommer sitzt man in einem mit Bäumen beschatteten Gastgarten, im Winter in einem mit Holz ausgetäfelten Gastraum, der noch etwas den Stil der 70er-Jahre des letzten Jahrhunderts atmen lässt. Die Küche und der Service sind aber top. Die Karte bietet klassische burgenländische Spezialitäten, das Special des Hauses ist das Backhenderl, das sich rühmt, das beste Europas zu sein. Besonders zu empfehlen sind aber auch die Fische, die direkt vom benachbarten Fischer geliefert werden. Selbstverständlich bemüht man sich auch darum, alle anderen in der Küche verwendeten Produkte aus der Region zu beziehen.

Landgasthof Sebastiankeller
Das sympathische Gasthaus ist in einem hellen Neubau am Ortsanfang von Oggau untergebracht. Beim Tagesmenü setzt der Wirt auf sehr bodenständige Speisen, wie Beuschl, Blunze, Leber oder Szegediner Gulasch. Die Produkte kommen aus den Genussregionen oder von lokalen Bauern. Sehr empfehlenswert sind die Fischgerichte, wobei der Fisch vom Nachbarn – der Fischerei Schwarz – geliefert wird.
Im kleinen Verkaufseck neben der

Schank kann man auch selbst gemachte Produkte kaufen.
Sebastianstraße 68
A-7063 Oggau
Tel: +43 (0)2685 7297
www.sebastiankeller.at

Hafenkneipe „Blue Marlin"
Obwohl tatsächlich niemals Blue Marlins aus dem Neusiedler See gefischt worden sind, ist der Name der Kneipe trotzdem nicht schlecht gewählt. Die Bar könnte auch irgendwo auf den Florida Keys sein, und Hemmingway hätte auch hier seine Freude gehabt. Man sitzt mitten im Hafen, und der Wirt serviert bodenständige Küche. Dazu gibt's Spritzer oder Bier, es ist hier nicht chic, sondern einfach und eine Art „Kantine" für den Jachtklub.

Heuriger Gut Oggau
Fam. Tscheppe-Eselböck
Hauptstraße 31
A-7063 Oggau
Tel.: +43 (0)664 2069298
Der Heurige Gut Oggau ist kein traditioneller Heurigen, wie es viele in der Gegend gibt. In diesem Teil des Eselböck-Imperiums ist hier derjenige richtig, der auf hohe Qualität der Speisen und auf einen besonderen Stil bei der Einrichtung des Lokales Wert legt.
Beim Heurigen sitzt man in einem schönen Innenhof und kann zu gutem Wein kleine Schmankerl genießen. Das Preisniveau ist für einen Heurigen dementsprechend hoch.

Rust

Rust ist die Perle des Neusiedler Sees und vielen Fernsehzusehern sicher aus dem TV-Hit „Der Winzerkönig" bekannt. Die Stadt ist geprägt von Winzer- und Bürgerhäusern aus dem 16. bis 19. Jahrhundert, die Innenstadt ist fast vollständig historisch erhalten. Viele der Häuser haben Re-

145

naissance- oder Barockfassaden mit Portalumrahmungen und Stuckdekoration. Obwohl Rust nur knapp 1.900 Einwohner hat, gilt es als Stadt, seit 1681 Kaiser Leopold I Rust den Titel „königliche Freistadt" verlieh.

Die Ruster erhielten 1524 das Recht, ein „R" in ihre Fässer zu brennen und ihre Fässer beinahe zollfrei in die Kronländer zu exportieren. Die Bauern waren damals mit dem Wein reich geworden und hatten sich diese wunderschönen Winzerhäuser gebaut, in denen die Ruster heute noch wohnen.

Viele der Bauern wurden so reich, dass sie es sich leisten konnten, Adelstitel zu kaufen. Das machte es ihnen auch möglich, sich die Religion frei zu

wählen, und die katholischen Habsburger konnten hier keinen Druck auf sie ausüben. Daher gibt es in Rust auch eine katholische und eine protestantische Kirche.

Die Häuser sind immer noch im Besitz der Weinbauern und werden zum Teil als Heurigenlokale genutzt. Die Heurigen befinden sich in den wunderschönen Innenhöfen der Stadthäuser, die gepflegt und bepflanzt sind.

Der Marktplatz ist verkehrsberuhigt und für so ein kleines Städtchen recht groß, viele Schanigärten laden zum Rasten ein.

Sehenswert ist die Fischerkirche, das älteste Gebäude der Stadt. Die kleine Kirche –heute ein Museum und für kulturelle Zwecke genutzt – ist von einer Wehrmauer umgeben und ist nur eine Kleinkirche im Ausmaß von 6 mal 11 Metern. Ein kleiner Spaziergang in und um die Kirche, die sich am oberen Ende der Altstadt befindet, lohnt sich ganz sicher. Die Sage erzählt, dass im 13. Jahrhundert die ungarische Königin Maria vor den Mongolen in das Schilf floh und von Ruster Fischern gerettet wurde. Zum Dank stiftete sie diese Kirche.

Auch sehenswert ist das Kremayrhaus, ein Patrizierhaus mit hübschem Innenhof, das jetzt das Stadtmuseum beinhaltet.

Die Weinakademie war in den Zeiten der Monarchie ein Quartierhaus, in dem Soldaten, die an die Front gezogen sind, Quartier genommen haben. Jetzt ist hier eine Akademie untergebracht, in der jeder Weininteressierte Kurse besuchen kann. Lohnend ist auch, den Innenhof der heutigen Weinakademie direkt hinter der Stadtmauer zu betreten (dort gibt es übrigens auch eine Vinothek).

Der „ab Hof"-Einkauf von Wein bei den zahlreichen Topwinzern des Ortes lohnt schon alleine auch aufgrund des Einblicks in die wunderbaren alten Höfe.

Berühmt ist Rust natürlich auch für die Störche, die jedes Jahr hier den Sommer verbringen. Rund 15 Storchenpaare kommen immer wieder in die Horste, die von einem eigens gegründeten Verein in Rust gepflegt werden. Das Klappern der Störche auf den Dächern ist das typische Geräusch der Stadt. Damit das auch lange so bleibt, werden die Störche in der Umgebung auch durch Beweiden der Wiesen durch Rinder geschützt. Diese Rinder verhindern, dass sich das Schilf in die feuchten Wiesen ausbreitet, und sorgen so dafür, dass die Störche genug zu fressen finden.

Rust ist, außer Podersdorf, der zweite Ort am Neusiedler See, der direkt am See liegt, wobei das eigentliche Strandbad allerdings auch hier außerhalb liegt.

Wenn man vom Marktplatz durch das Tor in der Stadtmauer hinausgeht, sieht man schon den Schilfgürtel vor sich. Hier außerhalb der Stadtmauer befindet sich gleich neben dem Spielplatz die große Storchenwiese direkt am See, die man jedoch nicht betreten darf, weil sie als Vogelschutzgebiet abgesperrt ist.

Von der Wiese führt auch eine Gasse hinter der Altstadt den Hügel hinaus zur Bundesstraße nach Mörbisch. Ein Spaziergang dieses Sträßchen hinauf lohnt durchaus. Man sieht hier die Rückseite der Höfe und auch noch gut erhaltene Teile der alten Stadtmauer. Viele nette alte Bauernhäuser finden sich zudem auch, wenn man durch die Gassen oberhalb der Straße nach Mörbisch streift.

Parken

In Rust ist es nicht immer leicht, einen Parkplatz zu finden, daher sollte man etwas außerhalb parken und dann zu Fuß oder mit dem Fahrrad ins Zentrum kommen.

Auf der Straße, die nach St. Margarethen führt, ist hinter dem alten Feuerwehrhaus ein etwas größerer Parkplatz.

Seezugang

Von Rust kann man ganz leicht in das Seebad spazieren, da dies von der Stadt nur ca. 2 Kilometer entfernt ist. Es gibt dort natürlich auch einen Parkplatz (kostenpflichtig).

Im Sommer ist der Zugang zur Liegewiese in Rust nur kostenpflichtig zugänglich, weil es Teil des Strandbades ist. Das Strandbad hat neben dem Seezugang aber noch einiges anderes zu bieten, wie ein großes Erlebnisbecken mit Wildwasserkanal und Wasserrutsche etc.

Außerhalb des kostenpflichtigen Strandbades ist der Zugang zum See sehr beschränkt und besteht aus den Stegen der Bootsvermietung und der Fähre.

Kulinariktipps
Wirtshaus im Hofgassl

Ins „Hofgassl" muss man allein schon wegen dem schönen Innenhof einmal reinschauen. Die Küche ist frisch und gut – das Essen beginnt mit einem Glas Kräuterjoghurt und einem Kressebrot – und mit einer Haube ausgezeichnet, der Service sehr aufmerksam. Wer einmal da war, kommt wieder!
Rathausplatz 10
A-7071 Rust

Tel.: +43 (0)2685 60763
E-Mail: hofgassl@hofgassl.at
www.hofgassl.at

Mooslechners Bürgerhaus

Wer es gerne romantisch und zart geschmückt mag, sollte dem Lokal in Mooslechners Bürgerhaus einen Besuch abstatten. Das mit viel Dekoration eingerichtete Lokal hat Charme und eine ausgezeichnete internationale Küche.
Hauptstraße 1
A-7071 Rust
Tel.: +43 (0)2685 6162
E-Mail: office@hotelbuergerhaus-rust.at
www.hotelbuergerhaus-rust.at

Seerestaurant Katamaran

Das Seerestaurant Katamaran hat eine tolle Lage. Das Lokal liegt in Rust direkt am See und erlaubt einen tollen Blick auf die Ruster Bucht. Vor dem Lokal gibt es auch eine Bar mit Sitz-

plätzen im Freien. Tipp: Gehen Sie ins Katamaran frühstücken (ab 9:00 Uhr), Kaffeetrinken in der Morgensonne ist das perfekte Urlaubserlebnis.
Ruster Bucht 1
A-7071 Rust
Tel.: +43 (0)2685 20441
E-Mail: restaurant-katamaran@aon.at

Buschenschank Schandl
Eine Beschreibung der Lokale von Rust zu machen, ohne die Buschenschank Schandl zu erwähnen, wäre nicht möglich. Barbara Schandls hausgemachte Spezialitäten muss man gekostet haben. Nehmen Sie im schönen Innenhof Platz, und genießen Sie die Speisen à la Carte oder vom Büffet.
Haydngasse 3
A-7071 Rust
Tel.: +43 (0)2685 265
E-Mail: info@schandlwein.com
www.schandlwein.com

Wohntipps
Seehotel Rust
Das neu renovierte Seehotel besticht durch die einzigartige Lage: direkt am See und doch im Zentrum von Rust. Hübscher Wellnessbereich und Liegewiese direkt am See.
Am Seekanal 2-4
A-7071 Rust
Tel.: +43 (0)2685 3810
E-Mail: seehotel.rust@vivat.at
www.seehotelrust.at

Mooslechners Bürgerhaus
Die Salzburger Tina und Michael Mooslechner betreiben das Hotel mit viel Sinn für Romantik. Das schön geschmückte und gemütlich eingerichtete Hotel ist wunderschön für ein Wochenende zu zweit.
Hauptstraße 1
A-7071 Rust
Tel.: +43 (0)2685 6162
E-Mail: office@hotelbuergerhaus-rust.at
timimoo.mooslechner.com/home

Hotel Timimoo
Wer etwas ganz Besonderes möchte, sollte sich eine Nacht im Timimoo gönnen. Dieses Hotel für zwei bietet, über mehrere Stockwerke verteilt, einen Wellnessbereich und einen schönen Wohnbereich. Luxus pur!
Kirchengasse 3
A-7071 Rust
Tel.: +43 (0)2685 6162
E-Mail: office@hotelbuergerhaus-rust.at
timimoo.mooslechner.com/home

Hotel Schandl

Das Hotel liegt direkt am Hauptplatz in einem Gebäude aus dem 17. Jahrhundert. Liebevoll wurde es restauriert und zu einer Topadresse ausgebaut. Schöne Zimmer, ausgezeichnetes Frühstück!
Rathausplatz 7
A-7071 Rust
Tel.: +43 (0)2685 6202
E-Mail: info@hotelschandl.at
www.hotelschandl.at

Weintipp
Weingut Heidi Schröck
Rathausplatz 8
A-7071 Rust
Tel.: +43 (0)2685 229
www.heidi-schroeck.com

Weingut Feiler-Artinger
Hauptstraße 3
A-7071 Rust
www.feiler-artinger.at
Weingut Gabriel
Hauptstraße 25
A-7071 Rust
www.weingut-gabriel.at

Ruster Ausbruch

Der Ruster Ausbruch hat jahrhundertelange Tradition. Der Höhepunkt im Verkauf dieses Süßweines war im 17. Jahrhundert, auch am Tisch des Kaiserhauses in Wien wurde der Wein geschätzt. Die Weinbauern in Rust wurden durch den Wein so reich, dass sie sich das Stadtrecht erkaufen konnten.

Die Erzeugung ist sehr aufwendiger. Die Trauben werden am Stock belassen und vom Edelpilz Botrytis befallen. Durch den Pilzbefall schrumpfen die Trauben, werden weich, und der Zucker, die Säuren und Aromen werden konzentriert. Ab jetzt müssen die

Trauben immer wieder per Hand ausgepflückt werden, da der Befall nicht immer gleichmäßig verläuft. Die von der Edelfäule befallenen Beeren werden danach gemeinsam mit frischen Beeren eingemaischt und entweder im Holzfass oder Edelstahltank vergoren. Um den Namen „Ruster Ausbruch" tragen zu dürfen, darf der Wein nur von Ruster Rieden kommen.

Eine Kulturrunde

Frauenkirchen – Halbturn – Mönchhof – Gols

Die Tour in Kürze

Jahreszeit:	Im Herbst zum Martinigansl
Tour:	Radtour
Streckenlänge:	ca. 25 km, hügelig, Asphalt
Highlights:	Der Kulturradweg hat viele Höhepunkte! Die Basilika von Frauenkirchen, das Schloss Halbturn und das Dorfmuseum Mönchhof.
Kulinarik:	Gols als größter Weinort Österreichs mit dem Restaurant Varga, der Brauerei Gols, dem Weltmeister im Blunzenmachen, dem Paradeiserkönig und vielen Highlights mehr

Am besten startet man am Volksfestgelände in Gols. Gleich hinter dem Festgelände befindet sich das Aqua-Splash Erlebnisbad Gols, an dem der Radweg auch beginnt. Von hier fahren wir nach rechts Richtung Mönchhof und weiter nach Halbturn. Nach nur wenigen Kilometern haben wir den Ort erreicht und können einen kurzen Halt am Schloss machen. Die Tour führt weiter nach Frauenkirchen und von dort wieder zurück nach Richtung Mönchhof.

Orte an der Tour

Gols

Gols ist die größte Weinbaugemeinde Österreichs, rund 50 Prozent des Gemeindegebietes sind Weingärten. Viele in Winzerkreisen berühmte Namen, wie Nittenaus, Achs oder Heinrich, findet man hier. Hier findet man die bei den Weinbauern modernste Kellertechnologie und Effizienz, die Höfe sind nach dem neuesten Standard ausgebaut und architektonisch modern und interessant.

Golser Volksfest

In Gols findet rund um Maria Himmelfahrt (15. August) jedes Jahr ein riesiges Volksfest statt, das in 10 Tagen über 100.000 Besucher anzieht. Dieses größte Volksfest des Burgenlandes bietet neben einem extra aufgebauten Vergnügungspark, Auftritten von Musikgruppen, Showeinlagen auch Weinverkostungen und eine große Wirtschaftsmesse mit 250 Ausstellern. Gleichzeitig findet im Rahmen des Volksfestes auch noch der Kultursommer mit Ausstellungen und Sonderschauen statt. www.golservolksfest.at

Regionalladen Wallner

Familie Wallner erzeugt in zweiter Generation Destillate und erzeugt die verschiedensten Brände und Liköre. Diese können im gut ausgestatteten Regionalladen auf der Hauptstraße erstanden werden.
Untere Hauptstraße 69
A-7122 Gols
www.dorfbrennerei.at

Kulinariktipps
Golser Brauerei
Eine Bierbrauerei in der größten Weinbaugemeinde Österreichs? Passt das? Ja, das passt!
Das Golser Bier wird zu 100 Prozent aus heimischen Zutaten hergestellt und streng nach dem Reinheitsgebot von 1516 gebraut, und es schmeckt hervorragend! Dieser Geschmack wurde auch schon mehrfach mit den Staatsmeistertitel für Kleinbrauereien belohnt!
Wer im Burgenland Lust auf Bier hat, sollte unbedingt das Golser kosten, in den meisten Lokalen der Gegend wird es auch angeboten.

Fischrestaurant Varga
In kaum einem Restaurant rund um den See kann man Fisch frischer und besser essen als beim Varga. Hier werden der Fisch und Teile davon in unterschiedlichsten Varianten zubereitet, und man sollte den Mut haben und nicht nur das Filet bestellen, sondern auch die Innereien der Fische kosten, die hier exzellent zubereitet werden. Beim Varga isst man sehr gut, die Atmosphäre ist jedoch bodenständig und entspannt. Wer draußen auf der Terrasse sitzen möchte, sollte auf jeden Fall reservieren!

Untere Hauptstraße 123
A-7122 Gols
Tel.: +43 (0)2173 2231
E-Mail: varga.emmerich@aon.at
www.varga.co.at

Weinkulturhaus Gols
Wenn man nicht die Zeit hat, die Weingüter persönlich zu besuchen und die Weine „ab Hof"

zu kaufen, sollte man zumindest einen Abstecher ins Weinkulturhaus machen.
Hier kann man fast alle Golser Weine verkosten und direkt zu „ab Hof"-Preisen kaufen. Fast jede Woche gibt es hier ein Weinevent. Die Vinothek ist in einem alten, jedoch schön renovierten Streckhof untergebracht, und alleine das Gebäude und die Keller sind einen Besuch wert.
Hauptplatz 20
A-7122 Gols
Tel.: +43 (0)2173 20039
E-Mail: info@weinkulturhaus.at
www.weinkulturhaus.at

Fleischerei Meiringer
Seit 1840 wird der Fleischhau-

erbetrieb durchgehend in der Familie weitervererbt! Hier werden wöchentlich Rinder und Schweine geschlachtet und sofort verarbeitet. Berühmt geworden ist aber die Blunze aus dem Hause Meiringer, sie hat schon mehrfach Gold bei der Weltmeisterschaft gewonnen!
Untere Hauptstraße 73
A-7122 Gols
Tel.: +43 (0)2173 2238
E-Mail: fleischhauerei@meiringer.at
www.meiringer.at

Wohntipp
Restaurant & Landhotel Birkenhof
Birkenplatz 1
Tel.: +43 (0)2173 23460
www.birkenhof-gols.at

Weintipps
In der größten Weinbaugemeinde Österreichs einzelne Weintipps zu geben, ist kaum möglich, hier trotzdem die berühmtesten Winzer des Ortes:

Weingut Gsellmann
Obere Hauptstraße 38
A-7122 Gols
Tel.: +43 (0)2173 22 14-0
E-Mail: wein@gsellmann.at
www.gsellmann.at

Weingut Paul Achs
Neubaugasse 13
A-7122 Gols
Tel.: +43 (0)2173 2367
E-Mail: office@paul-achs.atwww.paul-achs.at

Weingut Gernot und Heike Heinrich
Baumgarten 60
A-7122 Gols
Tel.: +43 (0)2173 3176
E-Mail: weingut@heinrich.atwww.heinrich.at

Weingut Claus Preisinger
Goldbergstraße 60
A-7122 Gols
Tel.: +43 (0)2173 2592
E-Mail: wein@clauspreisinger.atwww.clauspreisinger.at

Weingut Juris
Marktgasse 12-18
A-7122 Gols
Tel.: +43 (0)2173 2748
E-Mail: office@juris.at

Weingut Anita und Hans Nittnaus
Untere Hauptstraße 49
A-7122 Gols
Tel.: +43 (0)2173 2248
E-Mail: office@nittnaus.at
www.nittnaus.at

Neusiedler See-Fische
Trotz der geringen Wassertiefe und des leichten Salzgehalts kommen im See 30 verschiedene Fischarten vor. Einige der Arten wurden vom Menschen eingesetzt. Ein Beispiel dafür ist der Aal, der sich im See nicht fortpflanzt. Kleine Aale wurden früher mit Tankwagen in das Burgenland gefahren und im Neusiedler See ausgesetzt. Nach der Gründung des Nationalparks war dies nicht mehr möglich, somit sinkt das Vorkommen des Aals kontinuierlich. Da der Aal jedoch die wichtigste Einkommensquelle der Berufsfischer war, kam es zu massiven Einkommensverlusten.
Andere wichtige Fische für die Fischerei sind Zander, Wels, Hecht und Karpfen, die mit Netzen gefangen werden. Die Welse im Neusiedler See können bis zu 60 Kilogramm bekommen, Zander, Karpfen und Hechte immerhin bis zu 10 Kilogramm.
Beziehen kann man die Fische direkt „ab Hof" bei den Fischern. Im Frühling gibt es jedoch Schonzeiten, in denen man die Fische nicht fangen darf (Hecht im Februar und März, Zander im April, Karpfen im Mai).

Varga Emmerich jun.
Untere Hauptstraße 123 | A-7122 Gols | Tel.: +43 (0)2173 223
Im Restaurant in Gols kann man nicht nur ausgezeichnet essen, sondern auch Fische gegen Vorbestellung mitnehmen.

Schwarz Helmuth jun.
Seegasse 26 | A-7063 Oggau | Tel.: +43 (0)664 3827478
E-Mail: helmut-betty@bnet.at
Helmuth Schwarz bietet in seinem kleinen Laden geräucherte und frische Fische an. Der Shop ist am Freitag- und Samstagvormittag geöffnet. Um sicherzugehen, dass das Gewünschte im Netz war, sollte man vorher anrufen.

Mönchdorf

Der 2.200-Einwohner-Ort Mönchhof ist ein nettes gemütliches Dörfchen, das sich schon etwas aus der Ebene erhebt, da hier die ersten Hügel beginnen. Auf diesen Hügeln, der Sandhöhe, befindet sich ein hübsches Kellerviertel, in dem sich ein kleiner Spaziergang zwischen den Kellern auszahlt.

Dorfmuseum Mönchhof

Josef Haubenwallner begann vor vielen Jahren, viele privat weggeworfene Dinge zu sammeln und vor dem Vergessenwerden zu beschützen. Jetzt ist dieses schöne und interessante Museum daraus geworden. Dieses Freiluftmuseum stellt ein Dorf in der Zeit von ca. 1890 bis in die 60er-Jahre des letzten Jahrhunderts dar. Die unterschiedlichen Gebäude, die die Infrastruktur kleiner Dörfer waren, sind zu besichtigen, wie eine Schule, das Milchhaus, das Pfarrhaus und verschiedene Handwerksstätten, aber auch eine Arztpraxis, die Kirche oder ein Weinbauernhaus.

Sehr oft fühlt man sich in die Kindheit oder in die Bilder von Kinderbüchern versetzt, wenn man durch dieses schön gestaltete Dorfmuseum geht. An speziellen Veranstaltungstagen werden die Gebäude auch noch von Bäckern, Fleischern usw. besiedelt, und dann gibt es zum Zusehen und Verkosten frisch gebackenes Brot, Wurstspezialitäten und Blunzen wie damals!

Bahngasse 62
A-7123 Mönchhof
Tel.: +43 (0)2173 80642
E-Mail: office@dorfmuseum.at

Paradiso Pannonia Sandhöhe
Sandhöhe 19
A-7123 Mönchhof
www.paradiso-pannonia.at

Das Paradiso Pannonia ist Restaurant, Café, Lounge und Greißlerei. Vom Restaurant hat man über die Glaswand einen tollen Blick auf den Weingarten. Die Küche ist international (Pasta, Risotto, Salat) und gut, das Lokal ist modern, lässig und mit Geschmack eingerichtet. Die Musik ist eher auf junges urbanes Publikum abgestimmt, alles in allem jedoch ein stimmiges Konzept. Einfach reingehen!

Halbturn

Halbturn ist zwar für das Schloss bekannt, hat aber noch einiges mehr zu bieten. Das charmante

Dorf hat einen großen Anger mit schönem Baumbestand, der von schönen alten Streckhöfen umgeben ist.

Einen Spaziergang sollte man auch durch die Tschardakenstraße machen.

Die Tschardaken sind überdachte Holzgestelle, die zum Trocknen

Damen vor einem 160 Jahre alten Streckhof, der original erhalten ist

von Maiskolben und Kräutern verwendet wurden. Obwohl diese zum Teil schon über 100 Jahre alt sind und niemals gestrichen wurden, stehen in Halbturn noch viele dieser Tschardaken.

Schloss Halbturn

Das Barockschloss Halbturn ist ganz sicher ein Baujuwel dieser Gegend. 1711 erbaut, war es lange als kaiserliches Jagdschloss im Besitz der Familie Habsburg, ist jedoch jetzt in Privatbesitz. 1949 brannte es leider vollständig aus und wurde in jahrelanger Arbeit wieder saniert, sodass es jetzt wieder in altem Glanz erstrahlt.

Einen Besuch lohnt auf jeden Fall der wunderschöne Garten bzw. Park, in dem auch immer wieder Gartenausstellungen (Gartenlust) stattfinden. Das ganze Jahr hindurch finden im Schloss Veranstaltungen, Ausstellungen und Konzerte statt. Von Frühling bis Herbst gibt es stets eine große völkerkundliche Dauerausstellung, die jährlich wechselt.

Die Halbturner Schlosskonzerte finden bereits seit Beginn der 1970er-Jahre statt und ziehen immer wieder berühmte Künstler in das burgenländische Dorf. Als prachtvollster Weinkeller des Burgenlandes gilt übrigens jener des Schlosses Halbturn und ist daher einen Besuch wert.

Das jeweilige Programm gibt es auf der Seite www.halbturner-schlosskonzerte.at.

Wer wohnen möchte wie ein König, kann hier im Schloss Halbturn auch übernachten. Die Suiten sind royal eingerichtet und entsprechen modernen Anforderungen.

www.restaurant-wieser.at

Eine Einkehr lohnt natürlich auch die Vinothek im Schloss.

Infeld Haus der Kultur

Das Haus Infeld ist das ehemalige Jägerhaus im Schlosspark und beheimatet die Privatsammlung des 2008 verstorbenen Sängers, Autors und Kunstsammlers Peter Infeld. Hier werden neben den Ausstellungen auch Konzerte und Performances veranstaltet.
Infeld Haus der Kultur
Parkstraße 13
A-7131 Halbturn
Tel. / Fax: +43 (0)2172 20123
www.infeld.net

Tschardakenfest

An jedem letzten Wochenende im September findet in Halbturn das Tschardakenfest statt. Die Tschardaken waren alte Maisspeicher, die in Halbturn noch immer das Ortsbild mitprägen. Einmal im Jahr findet dieses Fest in der Tschardakenstraße statt und gibt den Halbturnen die Möglichkeit, wieder die Tracht anzuziehen und zu feiern. Es gibt natürlich Wein und pannonische Schmankerl, wobei sich vieles um den Mais dreht.

Ortsvinothek

Die Ortsvinothek von Halbturn befindet sich im alten Pfarrhaus. Hier kann man nicht nur die besten Weine des Ortes verkosten und mit nach Hause nehmen, sondern auch immer wieder Ausstellungen von Künstlern besuchen.
Kirchenplatz
A-7131 Halbturn

Weintipp
Weingut Schloss Halbturn
Im Schloss
A-7131 Halbturn
Tel.: +43 (0)2172 20162-0
Fax: +43 (0)2172 20162-14
E-Mail: wein@schlosshalbturn.com

Wohntipp
Bliem's Wohnreich
Erzherzog-Friedrich-Straße 40
A-7131 Halbturn
Tel.: +43 (0)2172 20176
E-Mail: wohnreich@bliems.com
www.bliems.com
Hier kann man in einem modernen Hotel mit 15 Zimmern pannonisch wohnen. Moderne schöne Zimmer, ruhiger Innenhof, alles in allem ein sehr schönes Hotel für Leute, die Wert auf gutes Design legen.

Frauenkirchen

Der Ort hat fast 3.000 Einwohner (die in der Region auch „Pfluiradlraugga" (=Pflugradraucher)) genannt werden: je nach Version, weil die Bauern so schnell pflügen (Frauenkirchner) oder weil die Bauern nie Öl zum Schmieren hatten und daher die Pflugräder zu rauchen begannen (Nachbarn) und ist ein recht geschäftiges Zentrum der Region. Es gibt einige Schulen und Arbeitsplätze.

Das Zentrum des Ortes ist selbstverständlich die Basilika. Die Basilika „Maria auf der Heide" und das angebaute Franziskanerkloster sind schon weithin sichtbar und sind das Wahrzeichen des Ortes Frauenkirchen. Erbaut wurden sie zu Beginn des 18. Jahrhunderts im barocken Stil der Familie Esterházy. Die Kirche ist ein wichtiges Wallfahrtszentrum, das noch immer von den Franziskanerbrüdern betreut wird. Ganz sicher ist sie eine der wichtigsten Kulturdenkmäler des Burgenlandes.

Ein Kuriosum ist, dass der Ort vier Friedhöfe hat. Es gibt den alten Friedhof neben der Basilika, den jüdischen Friedhof, den sogenannten Serben- oder Soldatenfriedhof an der Rosalienkapelle und den aktuellen Friedhof.

Der jüdische Friedhof ist das Einzige, was von der einstmals blühenden jüdischen Gemeinde in Frauenkirchen übergeblieben ist. 250 Jahre lang war ein Drittel der Frauenkirchner Bevölkerung jüdisch.

Am Soldatenfriedhof (Serbenfriedhof) sind hauptsächlich ser-

bische, italienische und russische Kriegsgefangene aus dem Ersten Weltkrieg begraben, die hier in einem Gefangenenlager verstorben sind.

Am Raiffeisenplatz steht noch ein alter Schüttkasten der Fürsten Esterházy. Das Gebäude ist 17 Fensterachsen lang und 4 Geschosse hoch. Hier wurde einst das Getreide der Region gesammelt und gelagert.

Biohofladen Rommer

Beim Biohofladen Rommer kann man neben eigenen Erzeugnissen des Biobauers (Krumpirn und Wudscher – also Erdäpfel und Kürbisse) auch Produkte anderer Bauern kaufen.
Kirchenplatz 11
A-7132 Frauenkirchen
Tel.: +43 (0)2172 2496
www.biohofladen-rommer.at

Biohof Göltl

Der Biohof Göltl hat sich ganz der Haltung und Verarbeitung von Mangalitza- und Turopoljeschweinen verschrieben. Die Schweine verbringen das ganze Jahr im Freien inmitten des Heidebodens. Neben den Produkten aus Schweinefleisch, wie Lardo, Schmalz, Speck, Würste und Grammeln, kann man auch Produkte befreundeter Biohöfe kaufen.
Elena und Josef Göltl
Kanalgasse 5
A-7132 Frauenkirchen
Tel.: +43 (0)2172 2160
www.goejo.at

Kulinariktipps
Landgasthaus Sittinger

Der Landgasthof Sittinger ist einer, bei dem man getrost einkehren kann. Die Karte wechselt mit den Jahreszeiten, und immer finden sich sehr gute Gerichte auf der Karte. Im Sommer sitzt man im schönen Gastgarten.

Der Wirt ist Jäger, und daher gibt es immer wieder auch eher seltenes Wild, wie Fasan, auf der Karte. Ein nettes und gemütliches Gasthaus mit gutem Essen und freundlichem Service.

Im beeindruckenden Weinkeller ist auch eine Vinothek, in der man unzählige Weine zu „ab Hof"-Preisen beziehen kann.
Hauptstraße 39
A-7132 Frauenkirchen
Tel.: +43 (0)2172 2307
E-Mail: landgasthaus@sittinger.at

Paprikawirtin im Alten Brauhaus

Das Lokal befindet sich gleich gegenüber der Basilika in einem denkmalgeschützten Gebäude von 1679.

Im Lokal sitzt man sehr gemütlich und rustikal, der Gastgarten ist im Innenhof und besonders schön. Auf der Karte stehen viele bodenständige pannonische Speisen, wie Halazle, Grenadiermarsch oder Pörkölt, und die Lieferanten für die Zutaten sind aus der Region. Wenn man noch Platz hat, sollte man die Somloer Nockerl kosten, die bekommt man nirgendwo besser!
Kirchenplatz 27

A-7132 Frauenkirchen
Tel.: +43 (0)2172 2217
www.altesbrauhaus.at

Erich Stekovics

Wer nach dem 15. August den Seewinkel besucht, sollte auf keinen Fall versäumen, eine Führung durch Erich Stekovics Paradeiserparadies mitzumachen. Herr Stekovics schafft es mit seiner Leidenschaft und seinem Charme, auch den größten Gemüseverweigerer vom Anbau von Paradeisern zu überzeugen. Seine mehr als 3.000 Sorten umfassende Paradeisersammlung gilt als die größte private Sammlung Europas, wenn nicht der Welt. Aber Herr Stekovics baut natürlich nicht nur unzählige Sorten von Paradeisern auf seinen Feldern an, sondern auch Paprika, Knoblauch, Beeren und viele Sorten von Obst. Zusätzlich lässt er Weidegänse unter den Obstbäumen grasen.
Im Frühling (ab Mai) kann man Pflanzen direkt „ab Hof" kaufen.

Seine Produkte gibt es immer im Shop, dazu im August noch äußerst empfehlenswerte, kurzweilige Führungen durch das Paradeiserreich.
Schäferhof 13
A-7132 Frauenkirchen
Tel.: +43 (0)676 9660705
E-Mail: office@stekovics.at
www.stekovics.at

Vinothek Sailer's

450 Weine aus der Region lagern in den Kellern von Sailer's Vinothek. Man kann neben der Verkostung und dem Kauf von Weinen zu „ab Hof"-Preisen auch noch Produkte aus der Region mitnehmen.
Kirchenplatz 27
A-7132 Frauenkirchen
Tel.: +43 (0)664 4109697
E-Mail: vinothek@sailers.at
www.sailers.at

Weingut Umathum

Wahrscheinlich eines der berühmtesten Weingüter des Burgenlandes ist das Weingut Umathum in Frauenkirchen. Obwohl berühmt durch die Rotweine, bestechen auch die Weißweine durch Qualität.
St. Andräer Straße 7
A-7132 Frauenkirchen
Tel.: +43 (0)2172 24400
www.umathum.at

Wandern im Leithagebirge

Von Hof nach Donnerskirchen zum Sautanz

Die Tour in Kürze

Jahreszeit:	Zum Sautanz oder Blunzenkirtag
Tour:	Wandertour
Streckenlänge:	ca. 2 h, Wanderwege
Highlights:	herbstlicher Wald am Leithagebirge, schöne Aussicht auf der Kaisereiche.
Kulinarik:	Blunze und Kesselfleisch u. v. m. beim Sautanz

Eine Überschreitung der Alpen ist wahrscheinlich nirgends sonst so schnell und einfach wie in deren letzten Ausläufern – dem Leithagebirge. Im Herbst erstrahlt das Leithagebirge in allen Farben. Eine Wanderung von Hof durch den Wald hinauf und danach sanft immer wieder über Hügel hinunter nach Donnerskirchen dauert nur ungefähr 2,5 Stunden und entspannt unheimlich.

Die Wanderung startet am besten beim Wia z'Haus Kraus. Von dort aus gehen wir immer bergauf die Brunnengasse (vorbei an Kindergarten und Schule) und danach die Bergstraße nach rechts hinauf Richtung Leithagebirge. Nachdem wir das Ende der Siedlung erreicht haben, hat man vom Gipfelberg über die Wiese einen schönen Blick über die Ebene bis nach Wien.

Wir gehen aber den Weg geradeaus weiter in den Wald hinein. Nach ca. 2 Kilometern folgen wir dem Schild nach rechts zur Kaisereiche. Es geht immer weiter auf einem jetzt schmaleren Wege bis zur Franz-Josef-Warte (Kaisereiche), und wir haben hiermit den höchsten Punkt der Wanderung erreicht. Von der Warte hat man einen sensationellen 360-Grad-Blick über das Leithagebirge bis nach Wien in die eine Richtung und bis über den Neusiedler See in die andere.

Gleich neben der Warte gibt es einen schönen Picknickplatz.

Von hier weg folgen wir den Schildern Richtung Donnerskirchen, immer gemütlich bergab über schöne Forstwege.

Wir erreichen Donnerskirchen ganz am hinteren Ende und spazieren zwischen schönen alten Häusern und Obstgärten bis ins Zentrum des Ortes bei der Kirche.

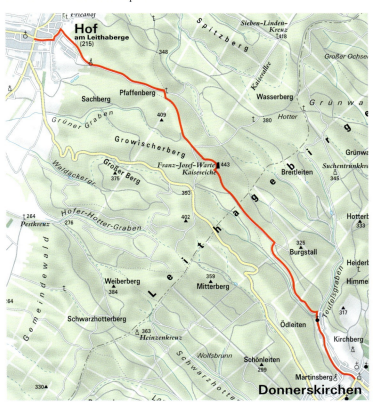

Pilze im Leithagebirge und in den Töpfen und Pfannen der Region

„Watzling" klingt vielleicht eher nach einer unangenehmen Krankheit, sorgt bei Pilzkennern der Region aber für Kitzeln am Gaumen und ist eine der Schwammerlspezialitäten im Leithagebirge.

In den trockenen Steppen des Seewinkels sind Pilze kaum ein Thema. In den Wäldern des Leithagebirges hingegen kann es nach warmen Sommergewittern durchaus üppig zu sprießen beginnen. Großes Fragezeichen jeder Schwammerlsaison ist die Niederschlagsmenge zwischen Juni und Oktober. Nahezu sicheres – wenn auch äußerst unangenehmes – Zeichen für mögliche üppige Schwammerlfunde sind Gelsenschwärme, die ein Betreten des Waldes zu einem heroischen Unterfangen werden lassen. Dann hilft nur entweder Gelsenschutzmittel in rauen Mengen oder, wenn man darauf verzichten will, dicke Pullover, Handschuhe und eine Pudelmütze bei 35 Grad im Schatten. Belohnt wird der wackere und ortskundige Schwammerlscout dann meist mit guten Funden.

Zu den Schwammerlköstlichkeiten des Leithagebirges zählen neben den Klassikern, wie Steinpilzen, Eierschwammerl und Parasol, vor allem eben auch der „Watzling" (der mit bürgerlichem Namen eigentlich Perlpilz oder Grauer Wulstling heißt) oder der Birkenpilz. Sehr gerne kommen die frischen Schwammerl in der Region in einer feinen Panier gebacken auf den Tisch. Zu den weiteren Spezialitäten zählt vor allem das „Schwammerlgulasch", das hier klassischerweise nicht mit Rahm, dafür aber mit ordentlich Paprika zubereitet wird.

Vor allem einige findige und rüstige Pensionisten verdienen sich zwischen Juni und Oktober, wenn das Wetter passt, ein gutes Taschengeld, indem sie ihre Funde an die lokalen Gastronomen verkaufen. Die guten Plätze werden daher auch stets so geheim wie möglich gehalten. Schwammerlgerichte vom Leithagebirge lassen sich daher auch am besten in den Lokalen am Leithagebirge genießen. Gute Kontakte zu den findigsten Pensionisten werden etwa Max Stiegl vom Gut Purbach nachgesagt (die gebackenen Steinpilze gibt es dann je nach Verfügbarkeit abseits der eigentlichen Karte), und Gerüchten zufolge soll beispielsweise der Koch des Wia z'Haus Kraus einen ausgeprägten Spürsinn haben und über die Kenntnis besonders guter Schwammerlplätze verfügen. Die diesbezüglichen Gerüchte wurden wohl von der Schwammerlsuppe abgeleitet, die

gelegentlich auf der Kreidetafel vor dem Lokal angeschrieben steht.
Um sicherzugehen, dass das Gewünschte im Netz war, sollte man vorher
anrufen.

Rezepttipp

Papriziertes Schwammerlgulasch
Zutaten:
Mehl
Schwammerl (am besten Steinpilze)
Paprika scharf und süß
Olivenöl
Butter
Petersilie
Chilipaste

Zubereitung:
Die Zwiebel feinwürfelig schneiden und mit einem halben Kaffeelöfferl Chilipaste in Olivenöl anrösten.
Die fein geschnittenen Schwammerl dazugeben und mitrösten, bis die Flüssigkeit verdampft ist. Nun den Paprika dazugeben und kurz mitrösten (nicht zu lange).
Anschließend mit Rindsuppe aufgießen, und die Schwammerl zugedeckt weich dünsten.
Zum Schluss feingehackte Petersilie dazugeben, mit Butter verfeinern und mit Salz und Pfeffer abschmecken – falls nötig, mit etwas Mehl stauben.

Eine alte kulinarische Tradition im Burgenland und vor allem den Gemeinden rund um den See und entlang des Leithagebirges ist der Sautanz. Lange Zeit war es üblich, dass in den meisten Häusern Schweine für den Eigenbedarf gehalten wurden. Erst ab Ende der 1970er-, Anfang der 1980er-Jahre wurden die Schweine in den Bauernhäusern immer weniger und damit auch das „Ostechn", das Schlachten des Schweins im Rahmen des Sautanzes im eigenen Hof, seltener. Einen tragischen und inhaltlich für kaum einen der Bewohner der Gegend nachvollziehbaren Todesstoß versetzte schließlich das gesetzliche Verbot der Hausschlachtung dem alten Brauch; ein Gesetz, das Diversität der Speisen reduziert und industrielle Einheitsproduktion fördert. Das Bedürfnis der Einheimischen und immer mehr auch von Besuchern der Region nach dieser urigen und köstlichen kulinarischen Tradition hält den Sautanz aber im Rahmen von wieder mehr lokalen Veranstaltungen von Gastronomen, Vereinen und Privaten am Leben.

Die Zeit des Sautanzes beginnt traditionell im Herbst, etwa um die Zeit von Allerheiligen, und geht bis zum Ende der Faschingszeit mit einem nochmaligen Aufflackern vor Ostern. Um diese Zeit ist es mit den heißen Temperaturen und somit auch mit der Gefahr von rascher Verderblichkeit und Fliegen oder ähnlichen Insekten während des Schlachtens vorbei, und es ist für eine natürliche, geschlossene Kühlkette gesorgt.

Der Sautanz fand üblicherweise direkt im Hof des jeweiligen Bauern statt und begann sehr früh am Morgen (meist zwischen 4:00 und 6:00 Uhr). Für das bis zum Tag der Schlachtung gut gepflegte Schwein bedeutete dies einen schnellen und stressfreien Tod ohne Transportwege. Das Tier wurde aus dem Stall geholt, sofort betäubt und mit dem Stichmesser getötet.

Mit dem Ausbluten des Tieres begann dann auch schon die erste kulinarische Verarbeitung des Schweins. Bis heute gilt die Blutwurst – oder eigentlich „Blunzen" – als eine ganz besonders geschätzte Spezialität der Region (nicht umsonst wurde etwa die Blunzen der Fleischerei Meiringer aus Gols (Untere Hauptstraße 73; Tel.: +43 (0)2173 2238) bei der Blutwurstweltmeisterschaft in Frankreich im Jahr 2012 gleich zweifach mit Gold prämiert). Aber auch Gerichte für den ersten und direkten Verzehr werden rasch aus dem Blut des Tieres gewonnen: Blutsuppe und Blutsterz zählen zu typischen ersten Sautanzspeisen. Es war alter Brauch, dass zu diesen Gerichten auch schon die Nachbarn geladen wurden oder sich ärmere Ortsbewohner mit der Milchkanne Blutsuppe holen konnten.

Nach dem Entfernen der Borsten mit heißem Wasser, Messer und Glocke im hölzernen Sautrog wurde das Schwein (die Tiere hatten früher durchaus 170 bis 250 Kilogramm! zum Zeitpunkt des „Ostechns") mit einiger Mühe auf ein Holzgestell gehievt und mit dem fachmännischen Zerlegen begonnen: Die Eingeweide wurden entfernt – die Leber auch gleich frisch und noch warm mit Zwiebeln, ordentlich Majoran und anderen Gewürzen und etwas Schwartlwasser in einer großen Pfanne geröstet –, die Därme gewaschen, um später darin Blut- und andere Würste abzubinden, die damals – auch aufgrund der verwendeten Rassen – noch dicken Speckschwarten abgezogen, kleingeschnitten und den Frauen zum Auslassen des Schmalzes und Erzeugen der Grammeln gegeben und das Schwein schließlich in seine wertvollen Fleischteile zerlegt. Gleichzeitig waren andere Helfer damit beschäftigt, Bratwürste, Selchwürste, Blutwürste und Presswurst zu produzieren und den Speck einzusalzen.

Die ganze Familie und ein paar Helfer meist aus der Nachbarschaft waren damit vom frühen Morgen bis zum Abend beschäftigt. Zur Belohnung gab es zur Stärkung dazwischen immer wieder frische Köstlichkeiten: Blutsuppe oder Blutsterz zum Frühstück, eine geröstete Leber zur vormittaglichen Labung, dazwischen schon die ersten, noch warmen Grammeln, zu Mittag vielleicht bereits das frische Bratl und für den Abend und als Entlohnung für die Helfer dann eine Selektion von Schmalz, Presswurst, Blunzen und Würsten.

Sautanz-Events

Bei vielen Veranstaltungen in der Region lassen sich diese frischen Spezialitäten im Herbst und bis in die Weihnachtszeit wieder genießen. Für die Beliebtheit derartiger

Events spricht auch, dass es etwa in Donnerskirchen gleich auch eine eigene Musiktruppe, „d'Original Sautanz-Musi", gibt.

Ein uriges Sautanz-Event findet auch jeden Herbst im Innenhof und der Scheune des Weingutes Reichardt statt. Dort kann man Gerichte wie Blunzengröstl, geröstete Leber, Kesselfleisch, frische Bratwürste u. v. m. zur musikalischen Untermalung der Sautanz-Musi genießen, aber auch frisch gemachte verschiedene Wurstsorten, Brat- und Selchwürste, Presswurst, Blunzen, Speck, Geselchtes, Schmalz, Grammeln u. v. m. einkaufen. Natürlich lassen sich nebenbei auch die sehr guten Weiß- und Rotweine des Weingutes Reichardt genießen (der jeweilige Jahrestermin findet sich auf der Homepage des Weingutes Reichardt).

Ein Großevent rund um Blut und Eingeweide vom Schwein ist mittlerweile auch der jährliche Blunzenkirtag in Hof am Leithaberge geworden. Das Fest findet üblicherweise am dann gesperrten Hauptplatz des Ortes jeweils am ersten Oktobersonntag des Jahres statt. Geboten werden in riesigen Kesseln geröstete Leber, warme und kalte Blunzen, Blunzengröstl, Geselchtes, Bratwürste und Schmalzbrote. Würste, Fleisch und Blunzen können auch vor Ort eingekauft werden.

Ein interessantes kulinarisches Spektakel bietet jedes Jahr Max Stiegl im Gut Purbach. Dort kann jeweils im Spätherbst (Termin siehe Homepage des Gutes Purbach) allen Schritten der Verarbeitung des Schweins (üblicherweise eine traditionelle, fettreiche Mangalitzarasse mit gut und gerne 170 Kilogramm) beigewohnt werden. Das Schwein wird auf traditionelle Weise im Innenhof aufgehängt, zerlegt und ganz frisch auf köstlichste Weise zu den klassischen Gerichten vor Ort verarbeitet: Blutsterz, geröstete Leber, feinste Brat- und Leberwürste, Blunzen, Presswürste, Schmalz und Grammeln, der gekochte Sauschädel, feinster Schweinebraten ... Hier kommt alles frisch, traditionell und auf höchstem Niveau zubereitet auf den Tisch. Man kann einfach direkt aus der Pfanne kosten, bei der Verarbeitung zusehen und beobachten, wie das aufgehängte Tier Stück um Stück in den Kesseln, Pfannen und Töpfen verschwindet; ein Sautanz wie damals und wie man ihn heutzutage aufgrund der gesetzlichen Vorschriften nahezu nicht mehr erleben kann.

Für Max Stiegl gehört der Sautanz einfach zum burgenländischen Jahresverlauf, und im Herbst ist nun einmal Sautanzzeit! Er liebt es, ein Tier im Ganzen zu verarbeiten oder, wie er auch sagt: „Ein Steak zu machen, ist leicht. Gelingt es nicht, brät man einfach das Nächste, und in 20 Minuten ist wieder ein Gericht am Tisch. Bei einem Beuschel, das man stundenlang schneidet, würzt, kocht und rührt, ist das schon eine andere Sache." Darum ist für ihn auch das Beuschel das kulinarisch anspruchsvollere Gericht als das Steak.

Sightseeing und Kultur in Eisenstadt

Die Tour in Kürze

Jahreszeit: im Herbst, wenn die Temperatur zum Spazieren angenehm ist
Tour: Spaziergang
Streckenlänge: ca. 1 h, Asphalt
Highlights: Schloss Esterházy, Haydnkirche, Dom und Hauptstraße.
Kulinarik: ungarische Spezialitäten beim Verein Pannonica, italienische Spezialitäten in der Osteria Del Corso und burgenländische im Henrici

Eisenstadt, die Hauptstadt des Burgenlandes, ist eine schöne Kleinstadt mit Charme, großem kulturellen Angebot und vielen Einkaufsmöglichkeiten. Das hübsche Städtchen liegt an den Hängen des Leithagebirges und ist mit einer Einwohnerzahl von knapp 13.000 sehr überschaubar.

Die wichtigste Sehenswürdigkeit ist das Schloss Esterházy, das am Anfang der verkehrsberuhigten Innenstadt liegt.

Obwohl das Schloss schon auf eine Burg aus dem 13. Jahrhundert zurückgeht und damit lange besteht, wird es meist mit den Namen Josef Haydn und Fürst Paul I assoziiert. Unter diesen beiden Männern erlebte das Schloss seine Glanzzeit.

Graf Paul Esterházy, ab 1687 Fürst Paul I, baute das Schloss zu einem wunderschönen Barockschloss um und ließ einen der besten Konzertsäle Europas, den Haydn-Saal (früher Festsaal), entstehen. Dieser Saal ist mit seinen Fresken und Wandmalereien aber auch einer der schönsten Konzertsäle Europas.

Noch heute werden regelmäßig Konzerte in dem Saal gespielt, die auch durch das hohe Niveau der Künstler musikalische Highlights der Region sind. Man kann verschiedene Ausstellungen besuchen, um die Räume und die Schätze des Schlosses und der Familie Esterházy kennenzulernen.

Eine hübsche Schlosskirche befin-

det sich beim Eingang in den Hof gleich links (im Westtrakt) und ist letzter Ruheort der Reliquien des heiligen Konstantinus, die in einem gläsernen Sarg ausgestellt sind.

Weinmuseum und Kellerei Esterházy

Im Keller des Schlosses befindet sich ein Weinmuseum. Bis vor einigen Jahren wurde hier noch Wein hergestellt, einige Kilometer außerhalb Eisenstadts wurde aber vor einigen Jahren ein ganz neues Gebäude für die Erzeugung und Verkostung von Wein gebaut.

Die Weinerzeugung hat in der Familie Esterházy schon jahrhundertelange Tradition, und auf die Weiterführung dieser wird großen Wert gelegt.

In Trausdorf an der Wulka liegt der beeindruckende, moderne Bau, in dem Weintrauben aus 50 Hektar Weingärten gepresst und zu Wein verarbeitet werden. Modernste Kellertechnik garantiert höchste Qualität. Für eine Führung durch die moderne Anlage sollte man telefonisch sein Kommen ankündigen.

Ein Blick auf die Homepage des Weingutes bringt einen Überblick über die Veranstaltungen, Feste und Termine im Weingut.

Weingut Esterházy
Trausdorf 1
A-7061 Trausdorf an der Wulka
Tel.: +43 (0)2682 63348
www.esterhazy.at/de/weingut/index.do

Schlosspark

Gleich hinter dem Schloss beginnt der schön gepflegte, große Schlosspark und zieht sich bergauf über einen Hang zum Leithagebirge. Schöne Wiesen mit Bänkchen, alte Bäume und kleinere und größere Fischteiche laden zum Rasten ein. Es gibt eine große Orangerie (wird für Veranstaltungen genutzt) mit schönen Staudenbeeten. Man kann sicher eine Stunde durch den Schlosspark spazieren und hat noch nicht alle Wege und geheimen Ecken entdeckt.

Gloriette

Die Gloriette liegt nicht im Schlosspark, sondern ca. 1 Kilometer oberhalb des Schlosses, man muss nur links vorbei am Park geradeaus immer bergauf gehen (oder fahren, oben gibt es einen kleinen Parkplatz).

Das Gartengebäude wurde Anfang des 19. Jahrhunderts im Stil eines griechischen Tempels erbaut und beherbergt jetzt ein Restaurant. Von den Stufen des Gebäudes, auf denen im Sommer Tische aufgestellt werden, hat man einen schönen Ausblick über die Stadt und die Ebene bis zum See.

Vom Lokal weg gibt es einige interessante Wanderungen, die kürzeste, jedoch auch lohnendste ist ein kurzer Aufstieg zur neu gebauten Aussichtswarte (heute Raiffeisen-Jubiläumswarte, früher Gloriettewarte), von der aus man einen schönen Rundumblick genießen kann. Für und mit Kindern ist der Waldlehrpfad auch mit einigen Attraktionen wie Baumschaukeln u. Ä. sehr nett.

Bergkirche und Haydnmausoleum

Das Wahrzeichen der Stadt, die Bergkirche „Maria Heimsuchung", wurde nach den Plänen von Fürst Paul I gebaut und 1803 fertig gestellt. Die interessante Außenansicht der kleinen Kirche ergibt sich dadurch, dass die Kirche in den Berg hineingebaut wurde und darüber ein Kalvarienberg mit Kreuzweg gebaut wurde, der auch begangen werden kann.

Seit 1932 beinhaltet die Kirche auch den Haydn-Sarg.

Franz Joseph Haydn und das Mysterium um seinen Schädel

„Gott erhalte Franz, den Kaiser" ist wohl das Lied, das einem gleich einfällt, wenn man den Namen Joseph Haydn hört.

Joseph Haydn ist für Eisenstadt der prägende Künstler, wie es Mozart für die Stadt Salzburg ist. Wobei Eisenstadt seinen großen Künstler nicht in der gleichen Art und Weise vermarktet.

Joseph Haydn ist 1732 in Rohrau – einem kleinen Dorf in der Nähe von Carnuntum – geboren und lebt und arbeitet den großen Teil seines Lebens in Eisenstadt. 28 Jahre lang ist er im Dienste der Fürsten Esterházy tätig – nicht nur in Eisenstadt, sondern auch in Ungarn. Haydn ist ein sehr fleißiger und produktiver Künstler, der es schafft, im Jahr bis zu 150 Konzerte zu dirigieren und trotzdem noch Zeit zu finden, unablässig zu komponieren.

Vom Hof der Esterházys pensioniert, folgt er einer Einladung nach England und wird dort mit seinen Kompositionen berühmt und reich.

Nach seiner Rückkehr nach Österreich wohnt und arbeitet er in Wien. Er verstirbt 1809 kinderlos nach einer unglücklichen Ehe und wird am Hundsturmer Friedhof begraben. Das Begräbnis findet am gleichen Tag seines Todes statt. Da Wien von napoleonischen Truppen besetzt ist, gibt es keine große Feier für den bedeutenden Künstler.

11 Jahre später möchte der regierende Fürst Esterházy den Körper Haydns nach Eisenstadt überstellen lassen. Das Grab soll in Anwesenheit des Fürsten geöffnet werden. Dummerweise stellt man bei der Exhumierung der Überreste fest, dass der Kopf des Künstlers fehlt. Die Diebe sind Anhänger eines Anatomen, der behauptet, dass das Genie zwischen den Schläfen eines Menschen sitzt, und wollen diese Behauptung beweisen.

Obwohl die Polizei ermittelt, muss Fürst Esterházy den Kopf eines Unbekannten mit dem Körper Haydns beerdigen, da ihm zwei Mal ein falscher Kopf übergeben wird.

Erst 1954 taucht der echte Haydn-Schädel wieder auf und wird zu den Gebeinen in der Bergkirche zur ewigen Ruhe gebettet.

Die Tour

Leider muss man in Eisenstadt wie in fast allen Städten fürs Parken überall bezahlen. Am besten parkt man im Parkhaus direkt beim Schloss oder links vom Schlosspark in der Glorietteallee.

Dort am Eck befindet sich das Büro für Touristeninformation mit sehr kompetenten Mitarbeitern. Hier kann man Führungen buchen oder sich über die aktuellen Konzerte informieren, auch genaue Stadtpläne und Informationen über Eisenstadt und Haydn sind hier zu bekommen.

Wir gehen entlang der Esterházystraße bis zur Bergkirche mit dem Haydn-Mausoleum. Dabei kommen wir am Jüdischen Museum und der Spitalskirche vorbei, und wir könnten einen kurzen Abstecher nach links in die Wertheimergasse zum jüdischen Friedhof machen.

Von der Bergkirche gehen wir zurück zum Schloss und weiter die Hauptstraße hinunter. Die Hauptstraße ist eine hübsche Fußgängerzone mit vielen Geschäften, Boutiquen und Kaffeehäusern.

Fußgängerzone in Eisenstadt

Bei der Pestsäule gehen wir nach rechts durch das kleine Gässchen zum Dom. Vom Domplatz weiter zum Colmarplatz und über den Schumannplatz, vorbei am Hotel Burgenland zum Schlosspark. Wir queren den Schlosspark und spazieren an Ententeichen und der Orangerie vorbei zurück bis zum Parkplatz an der Glorietteallee.

Einkaufen

Genussshop des Vereins Pannonica

Gleich am Domplatz befindet sich dieses kleine, aber feine Geschäft. Die Mitglieder des Vereins, der dieses Geschäft betreibt, produzieren Honig, Säfte, Kuchen, Kunsthandwerk u. v. m. Alle sind in der Region tätig, die meisten davon kommen aus Ungarn.
Einfach reingehen, hier gibt es vieles zu entdecken.
Domplatz 13
A-7000 Eisenstadt

Markthalle Kulinarium Burgenland

Ganz neu ist dieser Markt in den alten Stallungen des Schlosses gleich hinter der Vinothek. Der Markt ist immer Freitag und Samstag geöffnet, und verschiedene Bauern aus dem Burgenland verkaufen hier ihre Produkte.

Lokale
Henrici

Das Henrici ist eindeutig das erste Haus der Stadt. Schlichtes, aber edles Interieur und pannonisches Essen auf höchstem Niveau, dazu die besten Weine aus der Region. Ein mehrfach ausgezeichnetes Lokal mit schöner Terrasse. Wenn das Wetter mitspielt und man einen Tisch vorm Lokal bekommt, hat man einen grandiosen Blick aufs Schloss.
Esterházyplatz 5
A-7000 Eisenstadt
Tel.: +43 (0)2682 62819
www.henrici.at

Selektion Vinothek Burgenland

40 Weine gibt es immer offen in der größten Vinothek des Burgenlandes. Ein schöner Ort, um chic ein gutes Glas zu trinken. Der Blick aufs Schloss ist großartig.
Esterházyplatz 4
A-7000 Eisenstadt
www.selektion-burgenland.at

Restaurant im Hotel Ohr

Auch wenn die Lage am Kreisverkehr in Eisenstadt es nicht vermuten lässt, versteckt sich hinter der unauffälligen Fassade des Hotels Ohr ein ausgezeichnetes Restaurant. Johannes Ohr kocht hier saisonal und regional auf hohem Niveau. Hier kocht

ein mutiger junger Koch, der aber auf die Tradition nicht vergessen hat.
Ruster Straße 51
A-7000 Eisenstadt
www.hotel-ohr.at

Osteria Del Corso
Das Del Corso ist ein Wallfahrtsort für Italienliebhaber. Wer sich das Gefühl des letzten Urlaubes wieder in Erinnerung rufen möchte, sollte hier einkehren. Guter Wein, gutes Essen, herzlicher Service, mehr braucht man nicht für den perfekten Abend.
Hauptstraße 48b
A-7000 Eisenstadt
www.osteria-corso.at

Haydn Bräu
Wer Bier mag, ist im Haydnbräu richtig. Die Gasthausbrauerei ist neben der Brauerei in Gols die zweite Braustätte der Region. Man kann Bier auch im 6er-Pack mitnehmen, eigentlich wird es aber im Gasthaus verzehrt. Die Küche ist bunt gemischt und traditionell.
Pfarrgasse 22
7000 Eisenstadt

Wohntipp
Hotel Ohr
Rusterstraße 51
A-7000 Eisenstadt
Tel.: +43 (0)2682 62460
E-Mail: info@hotelohr.at
www.hotelohr.at

Familie Esterhazy
Die Ungarische Adelsfamilie Esterhazy hat Jahrhunderte lange das Schicksal des Landes in sicherheitpolitischer, politischer und kultureller Hinsicht geprägt.
Die Familie war für die Kaiserliche Familie in Wien ein wichtiger Partner und ein Bollwerk gegen die immer wieder aus dem Osten anrückenden Türken. Die Familie verlor viele Mitglieder in den Schlachten gegen die einfallenden Osmanen. Durch ihre loyale Einstellung zur Familie Habsburg gelang es ihnen Reichtum und Besitz zu kommen. Die Güter der Familie Esterhazy erstreckten sich einst von Rumänien über Ungarn und die Slowakei nach Österreich.
Die Familie hat heute ihre Besitztümer (das Schloss Esterhazy, die Burg Forchtenstein, das Weingut Esterhazy, der Steinbruch in St Margarethen, eine große Bio Landwirtschaft, Schloss Lackenbach etc.) in eine Stiftung eingebracht, die die Erhaltung der Kulturgüter zum Inhalt hat.

Kräuter im Leithagebirge und der Haydn-Kräutergarten

Der Kuchlgarten der Familie Haydn liegt etwas ausserhalb der Innenstadt und diente der Selbstversorgung mit Gemüse, Obst und Kräutern.
Dieser kleine jedoch schön revitalisierte Garten lädt ein nach mittlerweile selten gewordenen Sorten zu stöbern. Vom Frühling bis zum Herbst kann man in dieser üppig blühenden Gartenoase Führungen machen.

Bürgerspitalgasse (Osterwiese, hinter der Bank Burgenland)
A-7000 Eisenstadt
Infos & Tickets
Haydn-Haus Eisenstadt
Joseph Haydn-Gasse 19 & 21
A-7000 Eisenstadt, Burgenland
Tel. +43-2682-719-6000 | Fax DW 6051
office@haydnhaus.at
www.haydnhaus.at

Rund um den Neusiedler See und an den Hängen des Leithagebirges gibt es viele Wälder, Wiesen, Trockenrasen, Salzwiesen und Wegesränder die nicht intensiv landwirtschaftlich genutzt und gedüngt werden und auf denen wie selbstverständlich eine große Vielfalt von Kräutern wachsen.
Die Saison beginnt je nach Temperatur und Schneelage im Februar mit dem Bärlauch, der im Leithagebirge bodendeckend über viele Kilometer wächst. Den Zigeunerlauch wie er auch heißt, sollte man aber nur pflücken, wenn man ihn auch ganz sicher kennt. Kurze Zeit später ist nämlich derselbe Wald dicht mit den hochgiftigen Maiglöckchen bewachsen.
Die rein von der Größe herausragende und größte ist Königskerze, die mit ihren gelben Blüten schon von weitem leuchtet. Es gibt jedoch noch viele andere Schätze, wie Weißdorn, Johanniskraut, Brennnessel, Schafgarbe, Spitzwegerich und viele mehr. Auch wilder Salbei und Thymian sind keine Seltenheit.
Es gibt in mehreren Orten die Möglichkeit Führungen besuchen, die

über die Kräuter und deren Verwendung bzw Weiterverarbeitung informieren.
Zb bei
Orphelia "Kräuter in Bewegung"
Kirchengasse 21
7083 Purbach am Neusiedler See
Telefon: 0043 (0) 664/5577949
E-Mail: orphelia.herdits@gmx.at
Web: www.kraeuter-in-bewegung.at

Die Salvator Apotheke in Eisenstadt organisiert jedes Jahr einen Kräutermarkt in der Hauptstraße bei dem auch Kräuter getauscht und gekauft werden können.
Salvator Apotheke
Mag.pharm. Robert Müntz KG
Hauptstraße 4
A-7000 Eisenstadt
Tel ++43-2682-62654
E-mail alvatorapotheke@remedia.at

Auch vom Schloss Halbthurn werden Kräuterwanderungen angeboten
Kulturverein Schloss Halbturn
Reservierungshotline: +43 (0)2172 / 85 94 42
events@schlosshalbturn.com
www.schlosshalbturn.com

Kulinarischen Geheimtipps abseits der Touristenrouten

Leitharadtour zu Schlössern und Burgen

Die Tour in Kürze

Jahreszeit:	zur Zeit von Sturm und Kraut
Tour:	Radtour
Streckenlänge:	ca. 33 km, Asphalt
Highlights:	Natur der Leithaauen, Schlossteich-Seibersdorf, Schlösser in Seibersdorf, Trautmannsdorf, Sommerein und Mannersdorf, Burgen, Burg- und Klosterruinen in der Wüste und in Hof.
Kulinarik:	Kraut und Sturm; Bauernläden in Seibersdorf; gastronomische Highlights in Götzendorf und Sommerein

Tour 16

Wir beginnen die Tour am ruhigen Hauptplatz von Seibersdorf mit guten Parkmöglichkeiten direkt vor der kleinen Kirche . Jenseits der Hauptstraße liegt das malerische Schloß Seibersdorf. Dort biegen wir links ab, kommen zu einem netten Spielplatz und biegen dort rechts ab. Nach der Fußballwiese hinter dem Freibad biegen wir gleich wieder rechts ab (600 Meter nach dem Start). Wir fahren gerade aus und verlassen nach kaum 100 Meter den Asphalt, um einem guten Feldweg zu folgen. Gleich rechts können wir einen Abstecher zum öffentlich zugänglichen, sehr idyllisch gelegenen Schloßteich machen (ca. 50 Meter von der Route rechts).

Wir fahren aber immer geradeaus auf einen niedrigen Buschwald zu. Die Felder an der Route sind meist Krautäcker und duften im Spätsommer und Herbst intensiv und verführerisch. Nach ca. 1,3 Kilometern (vom Start) folgen wir dem Weg in linker Richtung und fahren immer den nun linkerhand liegenden Bach entlang in Richtung Wasenbruck. Weiter dem Weg folgenden erreichen wir bei Kilometer 5,7 die Landstraße. Wir biegen dort rechts ab und fahren über die Brücke nach Wasenbruck hinein und bis an die Ortausfahrt hindurch. Kurz vor Ortsende biegen wir vor dem Ortsschild und bevor die Straße zu einer Brücke ansteigt links ab (an der Abbiegung stehen ein paar Birken und Föhren).

In Pischelsdorf biegen wir nach der Kirche rechts ab in die Pi-

und halten uns nach weiteren rund 100 Metern rechts und fahren durch ca. 200 Meter durch ein kleines Wäldchen. Dann immer geradeaus fahren wir direkt auf den Auwald der Leitha zu. Der Untergrund ist nun wieder Asphalt. Bei Kilometer 2,3 erreichen wir einen Arm der Leitha und die Au. Wir biegen links ab und folgen nun direkt am Ufer entlang dem Fluss. Wir erreichen schließlich eine Kreuzung, die direkt an einem Bach liegt. Wir halten uns hier rechts

Schloss Seibersdorf

schelsdorfer Hauptstraße und folgen dieser. Gleich nach dem Ortsende beginnt Götzendorf. Wir bleiben geradeaus und kommen an Konditorei und Eissaloon samt Pizzeria „Winter" vorbei. (Das Eis ist jedenfalls eine Empfehlung wert). In Götzendorf biegen wir direkt vor der Kirche rechts ab. Am Ende der Gasse biegen wir rechts ab. Nach kurzer Strecke sehen wir (vor der Leithabrücke) das Hinweisschild „Zu Getzendorf", zu einem Hotel samt Tennis- und Freizeitanlage. Dort biegen wir rechts in den Feldweg ab und

Pestsäule bei der Abzweigung

sofort links hinunter zur Leitha und auf sandigem Weg unter der Straßenbrücke hindurch.
Der Weg mündet schließlich auf die Landstraße Trautmannsdorf-Seibersdorf. Unsere Tour führt aber an der Straße eigentlich nach rechts. Wir fahren nun auf der (wenig befahrenen) Landstraße in Richtung Sommerein (folgend dem grünen Hinweisschild für Radfahrer „Römerweg"). Die eigentliche Route folgt aber noch ca. 1 Kilometer der Landstraße bis zum Ortsbeginn von Sommerein. Dort ist nun auch gleich der Radweg „Sommerein-Mannersdorf" mit einem Schild markiert und wir können dort nach rechts abbiegen und der guten Ausschilderung bis Mannersdorf folgen. Entlang des riesigen Geländes der Zementfabrik erreichen wir hinter „Zielpunkt" und „Billa" die Straße und biegen links ab nach Mannersdorf hinein und dann rechts in die Hauptstraße. Wir fahren am Schloß vorbei durch den Ort und am Ortsausgang nach Hof beginnt der Radweg (rechte Straßenseite) bis nach Hof. Hier wird es

etwas hügeliger. Am Kreisverkehr am Ende der Hauptstraße nehmen wir die dritte Ausfahrt, Links kommen wir versteckt hinter einem Windschutzgürtel an einer Putenfarm vorbei und biegen schließlich rechts ab. Ein langer, gerader Feldweg führt nun sanft bergab bis wir eine Straße erreichen. Dort biegen wir rechts ab und dann an der nächsten Kreuzung – nach wenigen hundert Metern – an der Kotzenmühle vorbei über die Leithabrücke und auf der Landstraße noch knapp 2 Kilometer bis Seibersdorf.

Sturm
Ein, höchstens zwei Vierterl, mehr sollte auch ein geübter Weintrinker vom Sturm nicht trinken, obwohl er doch oft so leicht durch die Kehle rinnt. Das könnte nämlich böse ausgehen. Nicht nur, dass durch den hohen Zuckergehalt der Alkohol direkt seine Wege in die Blutbahn sucht, hat der Sturm auch sehr aktivierende Auswirkungen auf die Peristaltik des menschlichen Darmes. Wenn es also kein böses Erwachen geben soll, muss man sich ein bisschen einschränken.
Der Sturm ist der „junge Wein" des aktuellen Jahres, bei dem die Gärung noch nicht abgeschlossen ist. Er wird meist ab einem Alkoholgehalt von 4 Prozent verkauft. Und: Der Sturm hat einen hohen Anteil an Vitaminen, er ist sogar gesund.
Eine Regel ist beim Trinken einzuhalten: Vor Martini sagt man nicht „Prost", sondern der Wissende stößt mit dem Wort „Mahlzeit" an.
Sich den Sturm ins Haus zu holen, ist nicht so einfach, da man die Flaschen nicht verschließen, sondern nur abdecken darf. Durch die Gärung entsteht ein großer Druck, der die Flasche sprengen könnte. In der Sturmzeit kann man aber bei fast allen Heurigen den Sturm in abgedeckten Dopplern mitnehmen. Je kälter man den Sturm lagert, desto länger kann man ihn genießen.
Zum Sturm kann man praktisch alles essen, was bodenständig und fettig ist, zum Beispiel eine Brettljause, ein Schmalzbrot mit Zwiebel, ein Leberaufstrichbrot mit Pfefferoni, eine Portion Kümmelbraten … u. v. m.

Orte an der Tour

Seibersdorf

Seibersdorf ist ein gepflegtes kleines Örtchen, das am meisten mit dem einige Kilometer außerhalb gelegenen Forschungszentrum, das bis vor einigen Jahren auch einen kleinen Atomreaktor für Forschungszentrum beherbergte, in Verbindung gebracht wird. In der lokalen Bevölkerung heißt es daher nach wie vor, wenn jemand im Forschungszentrum beschäftigt ist: „Der arbeitet im Atom." Seibersdorf ist aber nicht nur Zentrum der Wissenschaft, sondern vor allem auch die „Krauthauptstadt" der Region. Direkt am Hauptplatz bei der kleinen Kirche und in den umliegenden Gassen bieten auch gleich mehrere Bauern frisches Kraut und ihre Krautprodukte „ab Hof" in ihren Bauernhäusern an. Dazu kommen auch noch zwei Bauernläden („Wild" und „Sonni's Hofladen"), die beide ein sehr umfangreiches Sortiment anbieten und zum Gustieren einladen.

Gleich gegenüber des Hauptplatzes liegt auch das schöne Schloss Seibersdorf. Dieses befindet sich heute in Privatbesitz und kann daher nur von außen besichtigt werden – außer bei immer wieder stattfindenden klassischen Schlosskonzerten.

Ein Geheimtipp ist das an den Schlosspark angrenzende Freibad des Ortes, in dem es nie zu voll wird (für Kinder gibt es dort auch eine lange Rutsche). Sehr idyllisch ist auch der öffentlich zugängliche Schlossteich im hinteren Teil des Schlossparkes (unweit von Freibad und Sportplatz).

Sonni's Hofladen
Der hübsche Bauernladen liegt direkt im Zentrum, und Familie Petschina verkauft neben den Produkten aus ihrer eigenen Landwirtschaft auch Produkte anderer Bauern zu „ab Hof"-Preisen. Das Hauptaugenmerk liegt auf Gemüse und Kraut.
Unterzeile 11
A-2444 Seibersdorf
Tel.: +43 (0)2255 6400

Regionalladen der Familie Wild
Ein Bauernladen, in dem man neben Säften, Tees, Gemüsen, Obst und Fleisch- und Wurstprodukten auch frisches Brot bekommt. Wenn die Oma wieder Kuchen oder Strudel gebacken hat, sollte man auf jeden Fall zugreifen. Natürlich gibt es aber auch hier jede Menge an selbst gemachten Kraut (Rotkraut, Weißkraut, Krautsalat, Sauerkraut, Sarma …) und Gemüsespezialitäten. Die Auswahl ist breit, die Bedienung mehr als nett.
Marktplatz 11
A-2444 Seibersdorf
Tel.: +43 (0)2255 6440

Wasenbruck

Wasenbruck gehört zur Stadtgemeinde Mannersdorf und ist eine vergleichsweise junge Siedlung. Auffallend sind einige alte Zinshäuser aus der Zeit, als entlang der Leitha noch Textilfabriken in Betrieb waren und dort die Arbeiter Unterkunft fanden. Heute leben dort vorwiegend türkische Familien. Ansonsten besteht Wasenbruck aus üblichen Siedlungshäusern. Selbst die Kirche aus Beton ist noch jüngeren Datums.

Pischelsdorf / Götzendorf

Beide Orte sind lebendige Gemeinden, jedoch ohne besonders ins Auge stechende Sehenswürdigkeiten, sondern bestehen aus einer Mischung von modernisierten alten Bauernhäusern und neuen Siedlungen und Siedlungshäusern. Die beiden Gemeinden sind nahezu zusammengewachsen. Verbindendes Element beider Orte ist die Leithaau, die jeweils direkt an die Orte heranreicht.
In Götzendorf ist die „Dr.-Heidrich-Gasse" einen kurzen Abstecher wert, weil sich dort noch ein paar wenige alte Häuser an-

einanderreihen, die einen guten Eindruck von der ursprünglichen Bauweise und Ortsstruktur der Orte dieser Gegend vermittelt.
In Götzendorf lohnt aus kulinarischer Sicht in jedem Fall ein Abstecher zum ca. 1,5 Kilometer außerhalb gelegenen Bahnhof. Dort befindet sich das Landgasthaus Assl mit hervorragender Küche! Tipp: Happerln-Papperln!

Kulinariktipp
Landgasthaus Assl
Das Assl liegt gleich neben dem Bahnhof in Götzendorf, man sollte aber an diesem Lokal nicht einfach so vorbeifahren. Im modernen, aber sympathisch eingerichteten Lokal kann man auf hohem Niveau zu moderaten Preisen genießen. Donnerstag und Freitag gibt es mehrgängige Menüs zu guten Preisen. Wenn man dann doch das eine oder andere Glas dazu getrunken hat, bietet sich eine Heimfahrt mit dem Zug an!
Margarethenstr 3
A-2434 Götzendorf
Tel. / Fax: +43 (0)2169 2367
www.assl.at

Trautmannsdorf

Trautmannsdorf reiht sich in seiner grundlegenden Ortsbildoptik in die lebendige, aber unspektakuläre Art von Pischelsdorf und Götzendorf ein.
Als Bauwerk ragt jedoch das Schloss Trautmannsdorf hervor. Einen Besuch kann für Interessierte auch das Bauernmuseum von Johann Waldner wert sein.

das verfallene Schloss Trautmannsdorf

Kulinariktipp
Freilandschweine und Heuriger Familie Maurer
Der Heurige hat nur fünf Mal im Jahr ausgesteckt, die Termine sollte man aber nicht verpassen. Die Produkte aus den Freilandschweinen, die das ganze Jahr auf der Weide verbringen, sind schmackhaft gut. Die Familie legt Wert auf Tradition und ist sicher, dass gute Dinge eben ihre Zeit brauchen, und so wird das Fleisch sorgfältig gesurt und geräuchert.

Produkte zum Mitnehmen gibt es auf Vorbestellung.
Mathias Maurer
Hauptstraße 74
A-2454 Trautmannsdorf / Leitha
Tel.: +43 (0)2169 2465
E-Mail: kontakt@maurers-freilandschweine.at
www.maurers-freilandschweine.at

Sommerein

Sommerein liegt wie Mannersdorf und Hof am Fuße des Leithagebirges und zieht sich aus dem Flachen empor bis an den Waldrand. Der Ort ist sehr sympathisch. Als Bauwerke fallen vor allem die Kirche und das Schloss der Gräfin Fuchs, das heute Gemeindeamt und Volksschule beherbergt, auf. Die beiden Gebäude befinden sich auf einem weitläufigen Platz im unteren Ortsteil. Vom Zentrum dieses Platzes führt eine kurze, mit Stöckelpflaster ausgelegte Straße aufwärts, und, oben angekommen, stößt man auf das hervorragende Landgasthaus „Schiller – Zum grünen Baum", direkt an der Bundesstraße, die dort durch den Ort führt. In Richtung Mannersdorf finden sich an der Bundesstraße noch einige wenige, sehr schöne und gepflegte alte Weinkeller. In der kleinen, aber feinen Kellergasse (deren Beschaulichkeit leider durch die Lage an der Bundesstraße getrübt wird) liegen auch in einem romantischen, kleinen Natursteingehöft das Atelier und der Ausstellungsraum der Künstlerin Maria Biljan Bilger (1912-1997). Ein kurzer Besuch ist durchaus lohnenswert.

Kulinariktipp
Schiller – Landgasthaus Zum grünen Baum
Nachdem der junge Gerhard Schiller nach Stationen im Nykospart und im Steirereck das Gasthaus übernommen hat, hat Sommerein ein großartiges Lokal bekommen. Der Wirt setzt auf traditionelle Speisen aus besten Zutaten aus der Region.
Hauptstraße 31
A-2453 Sommerein
E-Mail: mail@landgasthausschiller.at

Mannersdorf

Mannersdorf ist die größte Gemeinde entlang der Tour und verfügt sogar über das Stadtrecht. Der Ort ist auch ein kleines Zentrum der Region für die Einkäufe der Bevölkerung der Nachbarorte und verfügt nicht nur über ein breites Angebot an Supermärkten aller Marken, sondern auch über Boutiquen, Papierfachgeschäfte, Einrichtungshaus usw. Dementsprechend lebhaft und verkehrsreich kann es entlang der Hauptstraße

Schloss Mannersdorf

zugehen. Dominantes Gebäude entlang der Hauptstraße und, etwa in der Mitte des Ortes gelegen, ist eindeutig das bereits vor 1500 errichtete Schloss, das in hellem Schönbrunnergelb leuchtet. Ab 1555 war das Schloss Sitz der Herrschaft zu Scharfeneck, deren mächtige Wehrburg sich bis heute als nach wie vor eindrucksvolle und wehrhafte Ruine im Wald zwischen Hof und Mannersdorf oberhalb des ummauerten Geländes der Klosterruine St. Anna im Naturpark Wüste befindet. Später residierte hier die ehemalige Erzieherin von Kaiserin Maria Theresia, Maria Karoline Fuchs. Auch die Kaiserin nutzte das Schloss mehrfach, wenn sie sich zu Kuraufenthalten in Mannersdorf befand. 1754 bis 1918 stand das Schloss dann überhaupt im Eigentum der Habsburger.

Im Schloss sind heute öffentliche Einrichtungen wie Gemeindeamt, Standesamt usw. untergebracht, im zweiten Stock befindet sich auch seit 2006 eine öffentlich zugängliche Galerie des Malers Edmund Adler (jeden Sonntag 14:00 bis 16:00 Uhr; sonst gegen Vorankündigung).

Der Innenhof des Schlosses mit seinen schönen Arkaden wird mehrfach im Jahr für einen empfehlenswerten Bauernmarkt oder

Baxa Kalkofen

auch den netten Adventmarkt und ähnliche Veranstaltungen genutzt und ist meist zugänglich.
Etwas außerhalb von Mannersdorf – kurz nach der Ortstafel in Richtung Hof, links ab und den Hügel hinauf zum Baxa-Steinbruch – liegt das Industriedenkmal Kalkofen Baxer (geöffnet jeden Sonn- und Feiertag 13:00 bis 17:00 Uhr). In dem Kalkofen von 1893 ist heute im Erdgeschoss eine Galeriefläche für Ausstellungen lokaler Künstler und im Obergeschoss ein Steinbruchmuseum untergebracht. Vom Kalkofen weg in Richtung Mannersdorf führt ein netter kleiner Industrielehrpfad mit allerhand historischer Gerätschaften für die Arbeiten im Steinbruch in den Wald hinein.

Kulinariktipp
Heuriger im Brunnengwölb
Familie Hofschneider
Hauptstraße 32

Rezepttipp

Pannonische Krautwickel auf Paradeiserkraut

Der Herbst bietet alles, was man für dieses köstliche Gericht benötigt, aus der Region.
Zutaten für 4 Personen:
1 Häupel Kraut (z. B. aus der Krauthauptstadt „Seibersdorf")
1 – 2 große Zwiebel und 2 Knoblauchzehen
1 kg Paradeiser (z. B. von Stekovics oder den Gemüsebauern des Seewinkels)
10 dag fein geschnittener Mangalitzaspeck (z. B. von R. Triebaumer aus Rust)
ca. 60 Dag Faschiertes gemischt (für Feinschmecker vom Mangalitzaschwein und Steppenrind) (z. B. aus der Fleischerei Karlo in Pamhagen)
1 Teelöffel Paradeisermark von Stekovics
1 Teelöffel Chili-Tapenade von Stekovics

1 Teelöffel (je nach Vorliebe) süsses oder scharfes Paprikapulver
Gewürze nach Vorliebe (Neusiedler Majoran, Basilikum, Thymian, Rosmarin)
frisch gehackte Petersilie
etwas Weißbrot-/Sandwich-Wecken (1 halbe bis ganze Scheibe)
Salz und Pfeffer
etwas Suppe
1/16 bis 1/8 Weißwein mit guter Säure (Grüner Veltliner oder Welschriesling)
1 Teelöffel Schmalz (vom Mangalitzaschwein) oder Öl
kalt gepresstes Olivenöl

Zubereitung:
Das Kraut als Ganzes kurz kochen, bis sich 12 größere Blätter ablösen lassen. Den Rest in Streifen schneiden. Zwiebel hacken und Knoblauch klein schneiden. Schmalz in der Pfanne erhitzen. Zwiebel glasig rösten, Knoblauch zugeben und noch kurz weiter rösten. Hälfte des Zwiebel-Knoblauch-Gemisches in extra Schüssel geben und dort Faschiertes zugeben. Zum Rest des Zwiebel-Knoblauch-Gemisches Kraut zugeben und scharf anbraten. Paprikapulver zugeben, um schöne Farbe zu bekommen. Mit Weißwein ablöschen. Passierte Paradeisersause aus den frischen Tomaten unter das Kraut rühren, etwas Paradeisermark zur Intensivierung zugeben. Köcheln lassen und mit Kräutern, Pfeffer und etwas Chili-Tapenade gut würzen. Zwischenzeitlich Faschiertes mit Zwiebel-Knoblauch-Gemisch, kleinen Stücken des Weißbrotes, hochqualitativem Olivenöl, der frisch gehackten Petersilie, Paprikapulver, Pfeffer, Salz und nach Vorliebe frischen oder getrockneten Kräutern vermischen. Das abgemischte Faschierte portionieren und in die Krautblätter wickeln. Mit Zahnstochern fixieren und mit dem Mangalitzaspeck umwickeln. Die kleinen Rouladen auf das Paradeiserkraut legen und im Rohr ca. 40 Minuten bei 180 Grad garen, bis das Faschierte durch ist.

Geschichte und Kultur

Skulpturenwanderweg zur Brücke von Andau

Die Tour in Kürze

Jahreszeit:	Gemüse im Herbst?
Tour:	Radtour
Streckenlänge:	ca. 22 km, Asphalt
Highlights:	Hansag Naturschutzgebiet, Brücke von Andau, Skulpturenweg.
Kulinarik:	Schafkäse und Gemüse

Die ganze Strecke führt ca. 20 Kilometer durch das Naturschutzgebiet Hansag, dem ältesten Teil des Nationalparks, zwischen Wiesen und Feldern durch ein Niedermoorgebiet zur Brücke von Andau und zurück. Die Wiesen in diesem Gebiet sind die einzigen Flächen, die noch naturnah bewirtschaftet und nicht intensiv genutzt werden. Die Tour ist nicht sehr schwierig und absolut eben.

Die Tour beginnt südlich von Andau und führt der gut beschilderten „Fluchtstraße" entlang. Die Allee ist bis zur Brücke über den Einserkanal 9 Kilometer lang, und entlang der Strecke stehen immer wieder interessante Skulpturen, die sich mit der Fluchtproblematik auseinandersetzen. Etwa nach der Hälfte der Strecke bis zur Brücke gibt es einen Aussichtsturm, wir fahren die gerade Strecke weiter bis zur Brücke von Andau.

Wir fahren bei der Brücke den Einserkanal ein Stück rechts entlang und dann wieder rechts die gerade Strecke zurück nach Tadten. Hier gibt es wieder auf halber Strecke einen Beobachtungsturm.

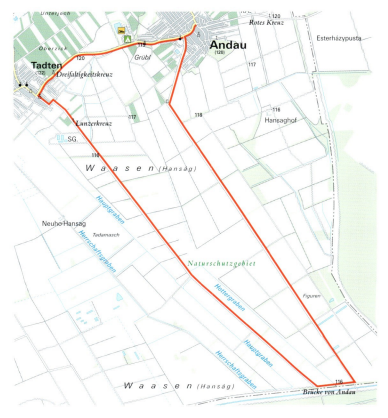

Orte an der Tour

Andau

Kaum zu glauben, dass Andau bis ins 18. Jahrhundert ein Fischerdorf war. Bis zur Austrocknung des Sees auf diesem Gebiet lebten viele Menschen vom Fischfang. Jetzt werden hier hauptsächlich Gemüse und Getreide angebaut. Auch ein wichtiger Wirtschaftszweig in diesem Gebiet ist die Energiegewinnung. Die großen Windparks nördlich von Andau Richtung Halbturn zeugen davon.

In dem sehr ruhigen und gemächlichen Ort sticht hauptsächlich die moderne Kirche ins Auge, die in den 30er-Jahren des letzten Jahrhunderts erweitert wurde. Sie gilt als die erste moderne Kirche des Burgenlandes.

Kirche in Andau

Pusztasee

Der 7 Meter tiefe See befindet sich direkt am Ortsrand von Andau, und hier kann man nach einer anstrengenden Radtour eine Pause machen und, wenn es warm genug ist, ins Wasser springen.

Die Brücke von Andau

Die Brücke führt über den Einserkanal von Österreich nach Ungarn und wurde durch den Volksaufstand 1956 im Ungarn berühmt.

Im Jahre 1956 gab es in Ungarn eine bürgerliche Revolution gegen die sowjetische Besatzungsmacht und den Kommunismus im Land. Was mit friedlichen Demonstrationen begann, endete mit einem bewaffneten Kampf und dem Rücktritt der Regierung. Die neu geformte Übergangsregierung forderte die sowjetischen Truppen auf, das Land zu verlassen. Doch wurde dieser Aufstand brutal niedergeschlagen. Die russische Besatzungsmacht verfolgte und internierte viele Freiheitskämpfer oder richtete sie hin.

Über 200.000 Ungarn flüchteten ins Ausland. Die „Brücke von Andau" war damals für viele tatsächlich der letzte mögliche Weg in die Freiheit. Die Flüchtlinge wurden von den Bürgern von Andau aufgenommen und versorgt.

Diese kleine, weltberühmte Brücke ist wenig später gesprengt worden, um den Fluchtweg abzuschneiden.

Erst in den 1990er-Jahren wurde die Brücke gemeinsam von Österreich und Ungarn wieder errichtet und ist nun ein Fahrrad- und Fußgeherübergang nach Ungarn

Die Großtrappe und ihr Brutgebiet

Die Großtrappe ist einer der größten flugfähigen Vögel, vom Aussterben bedroht und sehr störungsempfindlich. Im tiefen Seewinkel in der Nähe von Andau ist das Brutgebiet des Großvogels, darum wurde dieses Gebiet als Vollnaturschutzgebiet ausgewiesen. An der Straße von Tadten zum Einserkanal liegt ein Aussichtsturm zur Trappenbeobachtung, der 2012 gebaut wurde.

Der Vogel kann bis zu 16 Kilogramm schwer werden und eine Flügelspannweite von 2.3 Metern erreichen; er lebt gesellig, aber nach Geschlechtern getrennt. Im Winter sind Gruppen bis zu 170 Individuen zu beobachten. Weitere Infos auf www.grosstrappe.at.

Winter

Leithagebirge im Winter

Langlaufen und der östlichste Skilift Österreichs

Die Tour in Kürze

Jahreszeit: Bei Schnee im Winter
Tour: Langlauf
Streckenlänge: Loipe 7 km

Was wäre ein Gebirge ohne Wintersport? Die Hügel des Leithagebirges stellen geologisch die östlichsten Ausläufer der Alpen dar. An Höhe kann es das Leithagebirge mit seiner höchsten Erhebung von 443 Metern an der Kaisereiche zwischen Hof / Leithagebirge und Donnerskirchen wohl nicht mit den Bergen der Zentralalpen aufnehmen, und auch die runden Hügelkuppen haben mit den spektakulären Felszacken der Gesäuseberge nur wenig gemeinsam, aber doch kann man auch im Leithagebirge Wintersport betreiben.

Das – touristisch noch nicht allzu überlaufene – „Wintersportzentrum" der Region liegt in Mannersdorf bzw. zwischen Hof und Mannersdorf.

In Mannersdorf (Richtung Sommerein gegenüber des Gasthaus Windisch in die Tattendorfgasse rechts ab und den Berg hinauf bis zu einem kleinen Park- und Spielplatz) befindet sich außerhalb des Ortes (ca. 700 Meter auf flachem Weg durch den Wald) der östlichste und auch gleich günstigste Skilift Öster-

reichs. Ein Seilschlepplift erschließt das „Skigebiet" mit 200 Metern Pistenlänge bei 30 Metern Höhenunterschied. Wenn man gut zu Fuß ist, kann man noch das Gipfelkreuz erklimmen, das am Gipfel des 350 Meter hohen Scheiterbergs thront. Als Eintritt zum Skigebiet wird nur eine freie Spende verlangt. Zum „Wintersportzentrum" gehören auch noch ein Minihügel zum Rutschen für die ganz Kleinen, ein eigener Rodelhügel mit rund 100 Metern Länge, vor allem aber eine durchaus anspruchsvolle Naturloipe zum Langlaufen und, wie es sein muss, natürlich eine urige Skihütte mit dem hochalpinen Namen „Hochfilzer Hütte". Das Ganze ist auch noch ökologisch höchst wertvoll. Kunstschnee gibt es keinen, und Betrieb ist bei ausreichender Naturschneelage. Die Anlage liegt sehr nett mitten im Wald, und mit Kindern ist der kurze Skihang optimal zum Üben und Spaßhaben.

Sehr nett ist auch die Langlaufloipe, die bei ausreichender Schneelage – teilweise gespurt wird. Es empfiehlt sich, diese am Parkplatz bei der „Kaisereiche" (am höchsten Punkt der Bundesstraße von Hof nach Donnerskirchen) zu beginnen. Die Loipenrunde hat eine Länge von 14 Kilometern und führt immer durch den Wald vom Parkplatz Kaisereiche zur Hochfilzer Hütte (und allenfalls wieder zurück zum Parkplatz Kaisereiche). Gespurt wird mit einem Skidoo entlang von Forstwegen aber auch durch wilde Hohlwege. Der Höhenunterschied beträgt 150 Meter. Die Abfahrten sind teilweise durchaus steil (insbesondere die letzten Stücke hinab zur Skihütte; vor Steilabfahrten wird aber mit Schildern gewarnt). Bei Winterwetter und Schneelage ist die Langlauftour ein schönes Naturerlebnis auf uriger und einfacher Loipe (daher auch nur im „klassischen" Stil zu befahren). Die Route ist gut ausgeschildert.

Ein kleiner Geheimtipp für Wintersport am kleinen Leithagebirge.

In Hof gibt es hinter der Burg-Turmhof bei entsprechender Schneelage auch noch eine gesperrte und in der Nacht ausgeleuchtete (Straßenbeleuchtung) Rodelstraße mitten im Ort mit ca. 150 Metern Länge. Oben hat man einen schönen Blick auf die Türme und Zinnen der Burg. Bei Kindern jedenfalls ein Hit.

Kulinariktipp
Hochfilzer Hütte

An der „Talstation" des Schleppliftes

Öffnungszeiten: Bei Liftbetrieb täglich. Im Frühling und Sommer an Sonn- und Feiertagen von 13:00 bis 17:00 Uhr. Geboten werden neben einem gemütlichen Ambiente im östlichsten Skigebiet Österreichs einfache Speisen wie Speckbrote, Schmalzbrote, Würstel usw., die nach einer schönen Langlauftour oder Spaß im kalten Schnee ganz hervorragend munden.

Krafttanken in der Lodge

St.-Martins-Therme und Lodge

Wer sich fühlen möchte wie in einer Luxuslodge in der Massai Mara, aber die Kosten und Mühen dafür nicht auf sich nehmen möchte, sollte einen Ausflug in die St.-Martins-Therme und Lodge überlegen.

Für Tagesgäste gibt es einen schönen Thermenbereich mit Rutsche und einer schönen Saunalandschaft. Draußen gibt es eine schöne Liegewiese und einen Teich.

Wer jedoch etwas länger bleibt, kann auch die schönen Zimmer und die sehr ruhigen luxuriösen Anlagen des Hotelbereichs nutzen. Das Restaurant ist auch zu empfehlen.

Das Hotel ist modern und sehr geschmackvoll eingerichtet und lässt dem Gast den Nationalpark richtig erleben. Das Hotel bietet eine interessante Kombination aus Ruhe, Entspannung, Wellness, Sport und Entdeckertum an.

Safaris

Sowohl beim Nationalparkzentrum in Illmitz als auch bei der St.-Martins-Therme und Lodge

kann man Ausflüge und Safaris in den Nationalpark buchen.

Eiswein

Neben Süßweinen, die durch die Edelfäule Botrytis ermöglicht werden, wird im Burgenland auch Eiswein hergestellt. Die Trauben werden nicht im Herbst geerntet, sondern werden am Stock belassen, bis sie durchgefrostet sind. Der Wein darf auch nur aus Trauben hergestellt werden, die auf natürlichem Weg gefroren sind.

Die Herstellung von Eiswein ist eine riskante Angelegenheit und nicht jedes Jahr möglich. Neben dem Frost zum richtigen Zeitpunkt muss die Beere auch das richtige Mostgewicht haben.

Wenn die Witterung schlecht ist, kann es sein, dass ein Großteil der Trauben schon vor der Ernte herausgeschnitten werden muss, um die entsprechende Qualität zu erhalten.

Da die Traube zu diesem Zeitpunkt nur mehr wenig Wasser enthält, ist das Ergebnis der Pressung natürlich süß und intensiv.

Tschida
Angergasse 5
A-7142 Illmitz
Tel.: +43 (0)2175 3150
www.angerhof-tschida.at

Kracher
Apetlonerstraße 37
A-7142 Illmitz
Tel.: +43 (0)2175 3377
www.kracher.at

Shoppen und Stärken

Parndorf und Umgebung

Parndorf

Der Ort Parndorf ist im Zentrum viel hübscher, als es die großen Straßen und das riesige Outlet vor den Toren des Ortes vermuten lassen.
Das Dorf ist im Zentrum von Streckhöfen und einem Anger geprägt.

Markt der Erde
Jeden ersten Samstag im Monat findet von 9:00 bis 14:00 Uhr ein Markt in Parndorf statt, bei dem verschiedenste regionale Erzeuger ihre Produkte verkaufen. Dieser Markt, der aus der Slow-Food-Burgenlandbewegung entstanden ist, unterwirft sich selbst strengen Auflagen. Keiner der Anbieter ist weiter als 40 Kilometer von Parndorf entfernt, es ist kein Großbetrieb dabei, und die Produkte müssen traditionelle Produkte sein, die mit traditionellen Methoden in der Region erzeugt wurden. Es gibt auch eine Schauküche, in der frisch gekocht wird, dazu gibt es Weine aus der Region! Die Erzeuger verkaufen hier ihre Produkte selbst, wenn man Fragen zur Erzeugung hat, kann man die hier gleich stellen.
Der Markt findet in einem urigen alten Stadl statt und ist auf jeden Fall einen Besuch wert. Im Winter ist der Stadl jedoch nicht geheizt, also warm anziehen!

Ziegenliebe von Monika Liehl
Frau Liehl ist diejenige, die unter anderen den Markt der Erde ins Leben gerufen hat. In einem hübschen alten Streckhof hält sie Ziegen und erzeugt einen frischen, cremigen Ziegenkäse. Bei „ab Hof"-Kauf vorher anrufen!
Friedhofstraße 10
A-7111 Parndorf
Tel.: +43 (0)699 18980010
www.ziegenliebe.at

McArthurGlen Designeroutlet Parndorf

Seit 1998 besteht das Factory Outlet in Parndorf und ist mittlerweile auf 42.000 Quadratmeter angewachsen. Pro Jahr besuchen 4,2 Millionen Einkäufer das Shoppingparadies. 170 Designshops verkaufen Produkte von Mode und Schmuck über Sportartikel bis hin zu Einrichtungsgegenständen.

Es kommen nicht nur Besucher aus Österreich und den benachbarten Ländern. Auch Shoppingtouristen aus Russland, China und den USA reisen immer häufiger an, um ein paar Tage nur einkaufen zu gehen. Bis 2016 wird nochmals expandiert, nach den Betreibern des Outlets sollen nochmals 30 Shops dazukommen.

Obwohl das Einkaufszentrum von einer riesigen Anzahl von Parkplätzen übersät ist, kann es am Samstagnachmittag vorkommen, dass man auf der Suche nach einem freien Abstellplatz für das Auto verzweifelt im Kreis fährt. Das Einkaufsparadies schafft es immer wieder, zum Besuchermagneten zu werden.

Die meisten Shops sind ebenerdig zu betreten und in kleinen Häusern untergebracht, die rund um Plätze gebaut wurden. Vor den Häusern wurde dann ein Arkardengang gebaut, sodass man vor der Sonne oder vor Regen geschützt von einem Geschäft ins nächste gehen kann. Mittlerweile gibt es zwar auch ein paar Malls, meist wurde die Architektur jedoch weitergeführt. Dazwischen gibt es immer wieder Cafés und Restaurants.

Sehr klingende Designernamen wie Prada, Armani und Gucci findet man hier, aber auch viele Modemarken wie Nike oder Diesel.

Advent am See und im Leithagebirge

Wei(h)nachteln in Donnerskirchen

Ein ganz besonderer Tipp für Genießer ist das jährliche Wei(h)nachteln des Weinquartetts in Donnerskirchen. Die vier – allesamt äußerst empfehlenswerten – Winzer Bayer-Erbhof, Liegenfeld, Neumayer und Sommer haben sich zum Donnerskirchner Weinquartett zusammengeschlossen. In ihren schönen Höfen und Kellern wird jedes Jahr ca. Mitte Dezember (aktuelles Datum des Jahres auf der Homepage www.weinquartett.at) eine ganz besonders schöne, romantische und vor allem kulinarisch hochwertige Weinverkostung geboten. Das Eintrittsgeld kommt „Licht ins Dunkel" zugute. Gegen diese Spende können in den vier Höfen und Kellern die Weine der Winzer verkostet werden, am offenen Feuer werden Maroni und Erdäpfel gebraten, und in jedem der Gehöfte sorgt ein anderer Caterer (extra zu bezahlen) für köstliche, regionale Schmankerl in Tapas-Manier. Die Höfe und Keller präsentieren sich in weihnachtlichem Dekor, und außer Wein gibt es auch immer den einen oder anderen netten Handwerksstand, um gleich auch Weihnachtseinkäufe miterledigen zu können. Man kann hier also Gutes (in Form der Spende für „Licht ins Dunkel") wirklich mit Gutem (für den Magen) verbinden!

Ruster Adventmeile

Der wohl stimmungsvollste und gleichzeitig weitläufigste Adventmarkt des Burgenlandes findet seit einigen Jahren als Ruster Adventmeile in der Altstadt von Rust statt. 2014 findet die Ruster Adventmeile in den historischen

Guts- und Herrenhäusern der Winzer und dem Hauptplatz der Altstadt vom 21.11. bis 21.12. jeweils Freitag bis Sonntag statt. In den durch eine Nummerierung gekennzeichneten Höfen und Häusern gibt es dann vor allem Kunstwerk, Originäres und natürlich auch Wein und regionale Lebensmittel zu kaufen. Dazwischen wird selbstverständlich auch mit guten Schmankerln für das leibliche Wohl gesorgt, und der Wein geht in Rust ganz sicher ohnehin nicht auf.

Die Mischung aus üppiger Adventdeko in den Höfen, den sehenswerten Herrenhäusern, der schönen Altstadt und der hervorragenden Gastronomie sowie der Möglichkeit, bei der Vielzahl an Topwinzern rechtzeitig vor Weihnachten und Silvester die Getränkebestände zu füllen, sollte einen netten Adventtag für Genießer garantieren.

Weihnachtsmarkt im Schloss Esterházy und Adventmarkt Eisenstadt

Im ganz besonderen Ambiente-Innenhof des Schlosses, vor allem in den Prunkräumlichkeiten findet jährlich auch ein Weihnachtsmarkt im Schloss Esterházy statt. Der Schwerpunkt liegt dabei auf feinem Kunsthandwerk regionaler Anbieter und kulinarischen Produkten aus der Region. Ergänzend gibt es passende Ausstellungen im Schloss. Am späteren Nachmittag kann das Gedränge in den Prunkräumen schon sehr ordentlich werden, allerdings kann man dann gut in die direkt an das Schloss anschließende Fußgängerzone von Eisenstadt ausweichen, in deren Zentrum ebenfalls ein netter Adventmarkt mit der üblichen Mischung aus Ständen mit Geschenkartikeln, Delikatessen zum Mitnehmen und kulinarischer Versorgung wartet.

Sollte es zu kalt werden und die Füße irgendwann schmerzen, so kann man natürlich ins „Henrici" gegenüber des Schlosses, in die bestens sortierte Vinothek samt Genussshop gleich daneben oder in die köstliche Osteria ausweichen. Ein adventlicher Nachmittag und Abend lässt sich in Schloss und Altstadt jedenfalls sehr gut verbringen.

Pannonischer Weihnachtsmarkt im Schloss Halbturn

Ein wunderbares Ambiente bietet der an drei Adventwochenden (meist 1. bis 3. Advent) stattfindende pannonische Adventmarkt im Schloss und Schlosshof des Barockschlosses Halbturn. Für

die Kinder gibt es Ponyreiten, Nikolaus und Bastelstube, für die Großen und Kleinen Kutschenfahrten und Lagerfeuer im Schlosshof, und natürlich gibt es zahlreiche Stände mit Kunsthandwerk zum Einkaufen in idyllischer Umgebung abseits des Massenansturms der Weihnachtsmärkte in Wien. Für das leibliche Wohl gibt es neben den üblichen winterlichen Getränke à la Glühwein auch immer feine regionale Schmankerl zu verkosten. Natürlich kann man nebenbei auch noch einen Besuch in der Vinothek des Schlosses in der ehemaligen Schlossküche zum Verkosten der hochwertigen Weine des eigenen Weingutes nützen (und vielleicht gar noch eine Führung durch den beeindruckenden Weinkeller anhängen – sicher einer der schönsten der Gegend) oder noch einen Abstecher in die Ortsvinothek von Halbturn mit einplanen.

Eislaufen am größten Natureislaufplatz

Nach Erfahrung der Autoren verwandelt sich der Neusiedler See in 9 von 10 Jahren für zwei bis vier Wochen – manchmal auch zwei Mal während eines Winters – zum mit Abstand größten Natureislaufplatz (320 km²!) Österreichs, wenn nicht gar Europas. Die geringe Tiefe des Gewässers und die damit niedrige Wärmespeicherkraft des Wassers lassen das Eis vergleichsweise rasch dick und tragfähig werden. Dazu kommen meist trockene Winter, sodass die Eisfläche frei von Schnee bleibt, und der häufig scharfe Wind tut sein Übriges, um das Eis schön glatt zu schleifen.

Sobald die Tragfähigkeit des Eises hergestellt ist – in der Regel von vielen Wagemutigen aber bereits Tage davor – beginnt sich die Fläche mit Eissportlern aller Art zu bevölkern: Schlittschuhläufer, Hockeyspieler, Eissegler, Kiter mit Snowboards an den Füßen, Surfer auf Skiern, Spaziergänger, Familien mit Schlitten ... und sollten mal ein paar Zentimeter Schnee am Eis liegen: Langläufer ... Der Fantasie sind bei den Eisliebhabern keine Grenzen gesetzt. Dennoch ist die Weite des Sees selbst an strahlend sonnigen Wochenendtagen groß genug, um nur ein paar hundert Meter vom Ufer weg viel Freiraum und ein Gefühl sibirischer Einsamkeit zu garantieren.

Als psychologischer Vorteil erweist sich auch die geringe Tiefe. Sollte man doch im Eis einbrechen, so sackt man zumindest nicht in unendliche Tiefen ab. Die Gefahr sollte aber niemals unterschätzt werden. Das Eistelefon gibt Auskunft über die Tragfähigkeit:

Illmitz
Tel.: +43 (0)2175 2383
Mörbisch am See
Tel.: +43 (0)2685 8430
Neusiedl am See
Tel.: +43 (0)2167 340034
Podersdorf am See
Tel.: +43 (0)2177 2227
Rust
Tel.: +43 (0)2685 50215
Weiden am See
Tel.: +43 (0)2167 7427 oder 7029
St. Andrä am Zicksee
am Wochenende Tel.: +43 (0)2176 2576, wochentags Tel.: +43 (0)2176 2300

Schlittschuhverleih
Neusiedl am See
Sport Moser
Obere Hauptstraße 30
Tel.: +43 (0)2167 2491 oder
+43 (0)650 6915133
Samstag 8:00 bis 12:00 Uhr,
Sonntag 10:00 bis 17:00 Uhr

Rust/Seebad:
täglich von 12:00 bis 16:00 Uhr (3,00 Euro für 2 Stunden)

Ruster Bucht
Die Ruster Bucht bietet Infrastruktur und Abwechslung für Eisläufer. Die Toiletten werden geöffnet, das Restaurant Katamaran direkt auf dem Wasser bietet Ausblick und Verpflegung, und in der Bucht kann man entlang der vielen Pfahlbauten sehr nett und über mehrere Ausbuchtungen seine Runden drehen. Vor allem aber gibt es hier auch einen Schlittschuhverleih für jene, die keine eigenen Kufen besitzen.

Naturidylle in Breitenbrunn
Breitenbrunn ist ein idealer Platz für Naturliebhaber. Sobald man den Bereich der Hafenbucht hinter sich hat, lässt es sich herrlich rund um die vorgelagerte Insel oder entlang des Schilfgürtels in Richtung Neusiedl und Mole West oder auch in Richtung des kleinen Strandes am Ende des Purbacher Kanals laufen, und der Trubel nimmt rapide ab. Gastronomische Verpflegung gibt es im Winter am See allerdings nicht (gelegentlich mal schenkt ein örtlicher Verein Glühwein aus).

Die Toiletten des Strandbades werden allerdings geöffnet.

Neusiedl – Chillen und Eislaufen rund um die Mole West

In Neusiedl kann man direkt neben der Mole West seine Runden beginnen, und eine Pause an der Bar mit Blick auf die anderen Eisläufer ist natürlich immer nett. Über einen der Kanäle kann man auch bis zum Hallenbad laufen. Ein netter Startpunkt ist Neusiedl, auch weil man ein paar Stunden am Eis auch noch hervorragend mit einem guten Essen in der Mole, im Nyikospark oder der Alten Mauth verbinden kann und für einen After-Ice-Drink sich eine kleine Weinverkostung im Weinwerk samt Genusseinkauf oder im Largo anbietet. Schlittschuhe lassen sich in der Oberen Hauptstraße 30 bei Sport Moser ausleihen.

Podersdorf

In Podersdorf gibt es wie im Sommer, so auch im Winter die meiste Action. Hockey, Eissegler und Kiter mit Kufen aller Couleur unter den Füßen tummeln sich hier am Eis. Dazu wartet die Gastronomie gleich am Hauptsteg oder hinter dem Strandbad.

Service, Informationen und Übersichten

Informationen zu den einzelnen hier genannten Lokalen, Veranstaltungen und Shops finden Sie im Buch bei den Orten.

Die Hauben-Lokale der Region

Vinarium im Leisserhof (bei Redaktionsschluss geschlos-	Donnerkirchen	1 Haube
Henrici	Eisenstadt	1 Haube
Restaurant Ohr	Eisenstadt	Falstaff-Prämierung
Presshaus	Illmitz	1 Haube
Landgasthaus am Nyikospark	Neusiedl am See	2 Hauben
Mole West	Neusiedl am See	1 Haube
L'altro vino	Nicklsdorf/Leitha	1 Haube
Vita Tella	Pamhagen	1 Haube
Zur Dankbarkeit	Podersdorf am See	1 Haube
Gut Purbach	Purbach	2 Hauben
Kloster am Spitz	Purbach	2 Hauben
Wirtshaus im Hofgassl	Rust	1 Haube
Gasthof Stickler	Rust	Falstaff-Prämierung
Taubenkobel	Schützen am Gebirge	4 Hauben
Greißlerei beim Taubenkobel	Schützen am Gebirge	2 Hauben
Zur Blauen Gans	Weiden am See	1 Haube

Die Genusswirte der Region „Genussregion Österreich Wirte"

Nationalpark Stüberl	Apetlon
Tschidas – Gasthaus Zum Fröhlichen Arbeiter	Apetlon
Restaurant Rosengarten	Bad Sauerbrunn
Gasthof Wein	Breitenbrunn
Restaurant Turmhof	Breitenbrunn
Der Schemitz	Donnerskirchen
Restaurant Henrici	Eisenstadt
Paprikawirtin im Alten Brauhaus	Frauenkirchen
Fischrestaurant Varga	Gols
Landgasthaus Assl	Götzendorf an der Leitha
Wia z'Haus Kraus	Hof am Leithaberge
Bartholomäusstüberl	Illmitz
Dorfwirtshaus Zentral	Illmitz
Illmitzer	Illmitz
Sodla-Wirt	Illmitz
Schnepfenhof	Jois
Gasthof Graf	Loretto
Gasthof Jägerhof	Mannersdorf

Der Reisinger	Neufeld
Heuriger Stadler	Neusiedl am See
Landgasthaus am Nyikospark	Neusiedl am See
Zur Alten Mauth	Neusiedl am See
Gasthaus Monika	Oggau
Gutsgasthof Zum Herztröpferl	Oggau
Landgasthof Sebastiankeller	Oggau
Cselley Mühle	Oslip
Villa Vita Pannonia	Pamhagen
Restaurant Ventus im Pannonia Tower	Parndorf
Heurigenkeller & Restaurant Sanhofer	Purbach
Pauli's Stuben	Purbach
Gasthof zur Linde	St. Andrä am Zicksee
Landhaus Tauber	Wallern
Restaurant Schütz	Weiden am See

Slow-Food-Gastronomen der Region

Fischrestaurant Varga	Gols
Illmitzer	Illmitz
Gowerl-Haus Buschenschank	Illmitz
Heuriger Schlossahaus	Mönchhof
Gasthaus Zur Dankbarkeit	Podersdorf am See
Kloster am Spitz	Purbach
Gut Purbach	Purbach
Buschenschank Schandl	Rust
Wohlrabs Schenkhaus	Wulkaprodersdorf

Kulinarik am Wasser oder mit Seeblick

Fitzimayer	Breitenbrunn	Ausblick auf Schilfgürtel und See
Vista Mare	Breitenbrunn	Ausblick auf Schilfgürtel und See
Haus am See	Fertőrákos	Pfahlbau direkt am Wasser; aus dem „Taubenkobel"-Eselböck-Reich köstliche Grillgerichte
Seejungfrauen (bei Redaktionsschluss geschlossen)	Jois	direkt am Wasser beim kleinen Strandbad
Dock M	Mörbisch	coole Strandbar direkt am Wasser; außerhalb des Strandbades
Der Reisinger	Neufeld	schöner Blick auf den „blauen" Neufelder See
Mole West	Neusiedl am See	Hotspot direkt am Wasser, für Drinks und Essen gleichermaßen grandios
Hafenkneipe „Blue Marlin"	Oggau	ein wenig Florida-Keys-Feeling im Jachthafen; direkt am Wasser; entspannt und einfach
Pannonia	Podersdorf	Ausblick über Strandbad und See von der Terrasse

Sunset Bar am Leuchtturm	Podersdorf	Sonnenuntergang über dem See par excellence
Podos	Podersdorf	Blick über Standbad und See
Heuriger Hölle	Podersdorf	von der Terrasse Blick über Schilfgürtel auf den See
Snackbar bei der Surfschule	Podersdorf	kleine Bucht; unaufgeregt; entspannt
Kloster am Spitz	Purbach	Überblick über den See von der Terrasse oberhalb Purbachs; sehr gute Küche
Katamaran	Rust	direkt am Wasser; Drinks, Kaffee und Essen
Zur Blauen Gans	Weiden	Jachthafenblick von der Terrasse; sehr gute Küche
Strandbar im Seepark Weiden	Weiden	coole, entspannte Lounge-Atmosphäre mit bequemen Liegen

Außerdem gibt es noch Restaurants in den Strandbädern von Breitenbrunn, Weiden und Illmitz, die nahe am Wasser liegen und Seeblick bieten

Beste österreichische Gastlichkeit

Restaurant Henrici	Eisenstadt
Der Reisinger am Neufeldersee	Neufeld am See
Gutsgasthaus Zum Herztröpferl	Oggau
Restaurant Pannonia	Podersdorf am See
Taubenkobel	Schützen am Gebirge

Kulinarisches Erbe Österreich

Gastronomen unter diesem AMA-Gütesiegel garantieren, regionale Gerichte aus regionalen österreichischen Lebensmitteln anzubieten

Gasthaus Zum fröhlichen Arbei-	Apetlon
Café-Restaurant Rosengarten	Bad Sauerbrunn
Gasthof Wein	Breitenbrunn
Restaurant Turmhof	Breitenbrunn
Altes Brauhaus	Frauenkirchen
Birkenhof	Gols
Fischrestaurant Varga	Gols
Knappenstöckl Schloss Halbturn	Halbturn
Illmitzer	Illmitz
Landgasthaus Karlo	Illmitz
Rosenhof	Illmitz
Der Reisinger Neufeldersee	Neufeld
Gasthof zur Linde	Neufeld
Landgasthaus am Nyikospark	Neusiedl am See
Landgasthof Zur Alten Mauth	Neusiedl am See
Gasthaus Gmasz	Oggau
Gutsgasthaus Zum Herztröpferl	Oggau
Grenzlandhof	Pamhagen
Gasthof Zur Dankbarkeit	Podersdorf
Weingasthof Pauli's Stuben	Purbach
Gasthof Stickler / Mooslechners	Rust
Heurigen-Restaurant Paisler	Wulkaprodersdorf

Pannonische Schmankerlwirte

GasthausZum fröhlichen Arbeiter	Apetlon
Haydnbräu	Eisenstadt
Landgasthaus Vinothek Sittinger	Frauenkirchen
Restaurant Knappenstöckl	Halbturn
Illmitzer	Illmitz
Johanneszeche	Illmitz
Zur Alten Mauth	Neusiedl am See
Landgasthof Sebastiankeller	Oggau
Wirtshaus zum Türkenturm	Pamhagen
Weingasthof Pauli's Stuben	Purbach

Heurigen-Tipps

Krauscher-Tschank	Au am Leithaberge	sehr gemütlicher Außenbereich in den Weingärten; sehr beliebt bei Einheimischen; gutes Essen; gelegentlich eigene Süßwasserfische
Der Schemitz	Donnerskirchen	Genussheurigen; warme- und kalte Gerichte; Spezialist für Kirschprodukte (bis hin zu Kirschbrandwürstel und Kirschleberpastete) mit Shop und Vinothek
Kinoheurigen Wukoschitz	Hof am Leithaberge	originales, gutes Essen in großen Portionen; dunkles Ambiente in altem Kino
Heurigen Iwan	Hof am Leithaberge	gutes Essen; gemütlicher Innenhof; besonders kinderfreundlich
Gowerl-Haus	Illmitz	Buschenschank mit eigener Mangalitzazucht; Topprodukte aus der Region
Heuriger Hofschneider Brunnengwölb	Mannersdorf	nettes Ambiente; gutes Essen; allerdings Buffet
Schlossahaus	Mönchhof	Weine aus Gols und Mönchhof; klassische und verfeinerte Heurigengerichte; auch vom Steppenrind
Gut Oggau	Oggau	Edelheurigen mit verfeinerten Toprodukten aus dem „Taubenkobel"-Eselböck-Reich
Podersdorfer Weinstube Zur Dankbarkeit	Podersdorf	Topweine; Topessen; große Auswahl von Mangalitzaschwein und Steppenrind
Heurigenrestaurant Türkenkeller	Purbach	im Zentrum. Hier steckt der „Türke im Rauchfang"; schöner Innenhof; ordentliches Essen
Sandhofer	Purbach	Genussheurigen mit guter Auswahl regionaler Produkte; in der schönen Kellergasse
Schandl	Rust	regionale Gerichte und Produkte; gute Weine
Gabriel	Rust	gutes Essen; u. a. Räucheraal; sehr gute Weine mit gutem Preis-Leistungsverhältnis
Maurers Heuriger	Trautmannsdorf	eigene Zucht von Freilandschweinen mit entsprechenden Produkten

Die besten Genussshops, Bauernläden und „ab Hof"-Verkäufer

Genussquelle	Bad Sauerbrunn	breites, sehr gut sortiertes Angebot an regionalen Produkten und Vinothek; Gastronomie integriert
Der Schemitz	Donnerskirchen	Kirschprodukte; Essig, Saft, Brände, Pasteten und Würste, Schokolade – alles von und mit Kirsche; Vinothek
Bernd Spreitzenbarth	Donnerskirchen	Schweine- und Rindfleisch sowie Wurst- und Selchprodukte aus eigener Zucht und Erzeugung
Bauernmarkt	Eisenstadt	
Stekovics	Frauenkirchen	eingelegte Spezialitäten von Paradeiser, Paprika, Chili, Gurkerl, Nüsse, Essig …
Gowerl-Haus	Illmitz	Eingelegtes; Mangalitza-Produkte aus der eigenen Zucht; Steppenrind …
Arge Pannonischer Safran	Klingenbach (einige Kilometer südlich von Eisenstadt)	Pannonischer Safran; Neusiedler Majoran; gegen Voranmeldung: Ödenburgerstraße 55/1/3 in Klingenbach; Tel.: +43 (0)664 2247261
Weinkantine und Greißlerei dió	Mörbisch	nette Genussgreißlerei samt direkter Kulinarik
Greißlerei Taubenkobel	Schützen am Gebirge	vielfältige Genussprodukte; Toprestaurant in der Greißlerei

Weinwerk	Neusiedl am See	Burgenland-Vinothek mit breiter Auswahl; mehr als 300 Produkte regionaler Produzenten; Mangalitza, Steppenrind, Spargel, Gemüse, alle Genussprodukte der Region
Fischerei Schwarz	Oggau	frischer und geräucherter Fisch vom Neusiedler See
Michael Andert	Pamhagen	Michael Andert zaubert immer mal wieder da und dort etwas; Wein
Fleischerei Karlo	Pamhagen und Illmitz	Steppenrind, Mangalitza, Büffel & mehr
Haus am Kellerplatz	Purbach	„die" Leithaberg-Vinothek; mehr als 350 Weine der Region; große Auswahl zum Verkosten; außerdem kleiner Shop mit Genussprodukten
Fleischerei Sandhofer	Purbach	Kirschwürste, Kirschleberpasteten & mehr
Triebaumer	Rust	Mangalitza-Produkte aus der eigenen Zucht; Speck, Grammeln, Schmalz, Fleisch; eingelegtes Gemüse
Bauernladen Wild	Seibersdorf	Kraut- und Krautprodukte, Gemüse, Obst, Schinken, Speck, Käse …
Sonni's Hofladen	Seibersdorf	Kraut- und Krautprodukte, Säfte, Wein, Gemüse, Obst, Schinken, Eingelegtes …

Die besten Märkte und Marktveranstaltungen

Kirschenmarkt	Breitenbrunn	Anfang / Mitte Juni; alles rund um die Kirsche und etwas mehr
Kirschenmarkt	Donnerskirchen	Anfang Juni; Kirschbörse, Kirschprodukte; Kulinarisches mit Schwerpunkt Kirsche vom Genusswirt und Heurigen „Der Schemitz"
Flohmarkt Eisenstadt	Eisenstadt	größter regelmäßiger Flohmarkt der Region; jeden Sonntag von Ende März bis Anfang November ab 8:00 Uhr am Parkplatz von KIKA Eisenstadt
Loretto Kirtag	Loretto	größter Kirtagsmarkt am 15. August; bis zu mehr als 40.000 Besucher; Allerlei von allem
Schmankerlmarkt	Mannersdorf	meist: April, Juni, September; Ende November; netter Bauernmarkt mit Produkten vom Leithagebirge; u. a. auch Wild direkt vom Jäger; Bauernbrot, Käse ...; auch kulinarische Schmankerl zum Verzehr; sehr nett in den Arkaden des Schlosses oder am Schlossvorplatz
Bauernmarkt	Neusiedl am See	jeden Freitag von 9:30 bis 13:30 Uhr, vor dem Rathaus
Gärtner- und Bauernmarkt Pamhagen	Pamhagen	jeden 1. Mittwoch im Monat; Kulinarik vor Ort; gutes Produktangebot aus der Region
Markt der Erde	Parndorf	Topmarkt mit regionalen Produkten; wechselnde Kulinarik; jeden 1. Samstag im Monat; April bis September auch jeder 3. Samstag im Monat; Slow Food Burgenland; Käse; Schinken und Speck von Mangalitza und Wildschwein; Steppenrind, Säfte, Marmeladen, Fisch, Obst & Gemüse ...

Die spannendsten kulinarischen Feste und Veranstaltungen

Sautanz	Donnerskirchen	im Weingut Reichardt; es wird sautanzmäßig gekocht, man kann frische Produkte einkaufen
Wein & Spargel und Wei(h)nachteln des Weinquartetts Donnerskirchen	Donnerskirchen	köstliche Gerichte rund um den Spargel im Frühling samt Weinverkostung des Weinquartetts und herrliche Schmankerl und Weinkostung im Advent; in den Höfen des Weinquartetts
Wein- & Genusstage	Eisenstadt	Genussmarkt in der schönen Fußgängerzone von Eisenstadt; viele regionale Produkte; Schmankerlstände; Weinverkostungen; viel zu probieren; meist im August; kombiniert mit dem Fest der 1.000 Weine, einer großen Weinverkostung
Paradeiserführung Stekovics	Frauenkirchen	im August; Information über die Homepage. Paradeiserverkostung während der Führung ohne Ende
Tschardakenfest	Halbturn	regionale Küche; vor allem viel rund um den Mais
Blunzenkirtag	Hof am Leithaberge	alles rund um die Blutwurst: Blunzengröstl, warme Blunzen, kalte Blunzen, geröstete Leber, Geselchtes, frische Würste; Einkaufen und Essen
Sonn-Wein-Jazz	Podersdorf	letzter Samstag im Juli; Hauptsteg in Podersdorf; Weinverkostung, Schmankerl, Jazz; Sonnenuntergang über dem See
Sautanz im Gut Purbach	Purbach	Max Stiegl verarbeitet live ein ganzes Schwein. Zusehen, essen, kosten, trinken!
Kellergassenheuriger	Purbach	jeden 1. Samstag im Monat von April bis Oktober haben besonders viele der schönen Keller in der Kellergasse geöffnet

Türkenfest	Purbach	Mittelaltermarkt, Husaren, Türkenzelte, viele Verkleidete in Originalmittelalterkostümen; üppige Kulinarik mit Kesselgulasch, pannonischer Krautsuppe, Spanferkel, Wildschwein, Lamm am Spieß u. v. m.
Gansltanz im Gut Purbach	Purbach	Max Stiegl verwertet die Gans live in allen ihren Teilen zu traditionellen Gerichten; schauen, mitmachen; probieren
Fischer-Silvester	Rust	Fischsuppe, gegrillte und gebratene Fische, Wein und Sekt und mehr unweit des Hotels Rusterhof, außerhalb der Altstadt am inneren Seezugang am Vormittag des Silvestertags
Ruster Weinschätze; Ruster Goldene Weinwoche und Ruster Herbst Zeitlos	Rust	offene Kellertür in den prachtvollen Ruster Bürgerhäusern der Weinbauern; Weinverkostung; üblicherweise im April; Ruster Goldene Weinwoche im Sommer (Weinverkostung am Hauptplatz) und Ruster Herbst Zeitlos im November
Sauschädel-Essen	St. Margarethen	traditionelle Veranstaltung am Silvestervormittag; deftiges Essen rund ums Schwein und dessen Kopf; beim Sportplatz

Der kulinarischen Veranstaltungen in der Region sind mittlerweile so viele, dass hier nur ein kleiner Auszug aufgeführt werden kann. Selbstverständlich stehen zahlreiche Weinverkostungsevents / Tage der offenen Kellertüren sowohl im Frühling als auch natürlich im Herbst zur Zeit des Martinilobens im Mittelpunkt. Im Herbst kommen dann nochmals zahlreiche Veranstaltungen rund um die Martinigans dazu.

Die Region mit Kindern – Topspielplätze, Orte und Veranstaltungen für und mit Kindern

Kinderspielplatz Breitenbrunn	Breitenbrunn	sehr weitläufiger Spielplatz am Anger von Breitenbrunn; Klettern, Schaukeln, Rutschen …	ganzjährig je nach Witterung
Wulka-Safari	Donnerskirchen	Bootstour von der Wulkamündung durch den Schilfgürtel in den See; Cajun-Feeling!	Wochenenden im Sommer; Info und Anmeldung über das Tourismusbüro Donnerskirchen
Sonnenwaldbad Donnerskirchen	Donnerskirchen	mit 40-Meter-Wasserrutsche; extra Kinderrutsche beim Plantschbecken; Minigolf	
Hallenbad Eisenstadt	Eisenstadt	Kleinkinderbereich mit Kleinkinderrutsche und Wasserkanone	
Waldlehrpfad	Eisenstadt; Startpunkt bei der Gloriette	Wissenswertes über den Wald; schaukeln, balancieren …	ganzjährig je nach Witterung
Burg Forchtenstein Fantastisch – Kinderfestival	Forchtenstein	Kinderprogramm um und in der Burg mit Maskottchen Forvel	meist im Juli
Reptilienzoo Forchtenstein	Forchtenstein (gegenüber Eingang zur Burg)	privater Reptilienzoo; sehr nett gemacht; viele Terrarien mit Schlangen aller Gattungen, aber auch Echsen, Krokodile, Frösche, Spinnen usw.; Fütterungen und Streichelzoo	April bis September täglich; Oktober bis März an Wochenenden

Aqua-Splash Gols	Gols	43-Meter-Rutsche, Breitrutsche, Wildwasserkanal; Kleinkinderbereich mit Rutschen und Spielen	
Naturpark Wüste	Hof / Mannersdorf (zwischen Hof und Mannersdorf; Parkplatz beim Hotel-Restaurant Arbachmühle)	Tiere beim alten Kloster; kleiner Spielplatz; große Wiesen; Bäche und Teiche; geheimnisvolle Ruinen (etwa auch im Wald versteckte Einsiedeleien)	ganzjährig je nach Witterung
Nationalparkzentrum Illmitz	Illmitz	Aussichtsturm; Ausstellungen im Zentrum über die Natur; Führungen; auch Kanuexkursionen oder Fahrten mit dem Solarboot am See; spezielle Kinderexkursionen	März bis November (Programm auf der Homepage; www.nationalpark-neusiedlersee-seewinkel.at)
Kutschenfahrten durch die Puszta	Illmitz	für Groß & Klein immer ein Erlebnis	Frühling bis Herbst; verschiedene Anbieter v. a. in Illmitz
Hallenbad Neusiedl am See mit Freibecken	Neusiedl am See	50-Meter- und 100-Meter-Rutsche vom Rutschturm ins Freibecken; Wildwasserkanal	Hallenbad ganzjährig
Freibad Oggau	Oggau	Sprungturm; 30-Meter-Wasserrutsche	
Steppentierpark	Pamhagen	sehr netter Tierpark mit Schwerpunkt auf Steppentieren	März bis Oktober täglich

Mini-Max – Funparks	Podersdorf, Neusiedl und Weiden	Funparks jeweils direkt am See in Podersdorf, Weiden und Neusiedl; Podersdorf hat die meisten Attraktionen; Weiden besteht eigentlich nur aus Hüpfattraktionen	April an Wochenenden; Mai bis Mitte September täglich (außer bei Schlechtwetter); ab Mitte September nur mehr an Wochenden; ab Oktober geschlossen.
Solarbad Purbach	Purbach	35-Meter-Wasserrutsche; Bodenblubber; Wildwasserkanal	
Kinderspielplatz Rust	Rust	weitläufiger Spielplatz am Ende der Altstadt; rechts des Hotels Rusterhof; innerer Seezugang angrenzend	ganzjährig je nach Witterung
Seebad Rust	Rust	Strandbad und Freibad; 37-Meter-Rutsche mit Zeitnehmung; Breitrutsche, Wasserpilz und Geysire, Kletterinsel, Wildwasserkanal …	Sommer
Familypark	St. Margarethen	großer Vergnügungspark mit sehr originellen Fahrattraktionen, Spielanlagen usw. für alle Altersstufen, auch Streichelzoo und schöner Märchenpark	meist April bis Oktober
Kinderoper / Kindermusical	St. Margarethen	Opern und Musicals speziell für Kinder; 2014 z. B. Pippi Langstrumpf	Programm und Info unter www.ofs.at

Burgen, Schlösser und historische Kulturdenkmäler
−Topdutzend

Kellerviertel	Breitenbrunn	schöne Kellerzeile; verteilt am Hügel über Breitenbrunn; unterschiedliche Typen; teils versteckt in den Gassen ringsumher
Schloss Esterházy	Eisenstadt	wichtigstes und prachtvollstes Schloss der Region; schöner Schlosspark; Orangerie; Haydn-Saal, viele Konzerte
Bergkirche	Eisenstadt	ungewöhnliche Kirche, in einen Hügel gebaut und mit Kreuzweg überbaut; Grabstätte von Josef Haydn
Schloss Fertöd	Fertöd	Rokokoschloss der Esterházy im ungarischen Teil unweit von Pamhagen am Südufer des Neusiedler Sees; prachtvolle, großzügige Anlage
Burg Forchtenstein	Forchtenstein	mächtigste Burg der Region; Schatzkammer, Waffenkammer; Dracula-Gemälde und Führungen, Veranstaltungen
Basilika Frauenkirchen	Frauenkirchen	Kloster und Kirche; beeindruckende Anlage
Schloss Halbturn	Halbturn	Barockschloss, völkerkundliche Ausstellungen; prachtvoller Weinkeller; schöner Schlosspark; Vinothek; Schlosskonzerte im Sommer

Schloss Kittsee	Kittsee	Renaissanceschloss, großzügiger Park
Wallfahrtskirche Loretto	Loretto	schöne Wallfahrtskirche; Schwarze Madonna; größter Anger Mitteleuropas direkt davor
Naturpark Wüste	Mannersdorf / Hof	altes, verlassenes Kloster, versteckte Ruinen von Einsiedeleien, Ruine der Burg Scharfeneck im Naturpark; Schloss Mannersdorf und Burg Turmhof (Hof; Privatbesitz)
Kellergassen	Purbach	schöne Kellerzeile; sehr viele Heurigen
Altstadt Rust	Rust	wunderbare, toprestaurierte Bürgerhäuser; viele davon Weingüter; Teile der Stadtmauer und Stadttore; schöner Ausblick vom Kirchturm

Abseits der historischen Bauten sei an dieser Stelle noch das Dorfmuseum in Mönchhof erwähnt, das auf besonders lebendige und anschauliche Weise die typische alte Dorfstruktur in originalen Gebäuden wiedergibt. Siehe auch unter Museen.

Wichtigste Kulturveranstaltungen – Die Top 10

Haydn-Festspiele	Eisenstadt	zahlreiche Veranstaltungen und Konzerte im Schloss rund um Joseph Haydn; auch Veranstaltungen im Park; Top-Kultur-Event
Felsentheater im Steinbruch	Fertőrákosbei Redaktionsschluss leider noch geschlossen (Bauarbeiten)	
Schlosskonzerte Halbturn	Halbturn	klassische Konzerte im Juli und August in stilvollem Ambiente
Operettenfestspiele Mörbisch	Mörbisch	bis zu 220.000 Besucher jährlich bei Operette und Musical auf der Seebühne; Juli bis August
Nova Rock	Nickelsdorf	Topacts aus Hard-Rock und Heavy Metal mit jährlich mehr als 150.000 Besuchern; jeweils im Juni
Cselley Mühle	Oslip	Kabarett, Konzerte (Jazz, Blues, Rock, Urban Arts); Tamburica
Surf Opening	Podersdorf	Surf- und Kite-Weltcup und rundherum zahlreiche Konzerte, DJs sowie Partyevents
Opernfestspiele	St. Margarethen	bis zu 220.000 Besucher jährlich bei den spektakulären Freiluftaufführungen im Römersteinbruch St. Margarethen; auch Kinderoper; Juli bis August
Passionsspiele	St. Margarethen	Römersteinbruch; alle 4 Jahre; das nächste Mal 2016; spektakuläre Aufführung mit rund 600 Laiendarstellern in der Kulisse des Römersteinbruchs
Wiesen	Wiesen	Jazz, Blues, Reggae, Rock und Urban Arts; Juli bis August; fixe Open-Air-Bühne mit überdachtem Gastro-Bereich; fixer zeltartiger Konstruktion vor der Bühne und hervorragender Sicht aufgrund Hanglage

Die Badeplätze der Region

Badeteich Andau	Andau	netter Badeteich
Badeteich Apetlon	Apetlon	netter Badeteich; tief; klares Wasser
Römersee	Bad Sauerbrunn	Badesee im Kurort
Strandbad Breitenbrunn	Breitenbrunn	sehr nett und sympathisch; sehr familientauglich; aber auch Abschnitt für Kiter und Surfer; großer Jachthafen
Stausee Forchtenstein	Forchtenstein	sehr nett in kleinem Waldtal oberhalb von Forchtenstein gelegen
Therme und Lodge	Frauenkirchen	tolle Therme im Lodge-Stil; außerdem wunderbarer Badesee für den Sommer im Außenbereich
Strandbad Illmitz	Illmitz	familienfreundlich
Strandbad	Jois	kleiner, feiner Strand; See-im-See innerhalb des Schilfgürtels
Strandbad Mörbisch	Mörbisch	nettes Strandbad; eigener Bereich für Kleinkinder; Freibad integriert; sehr nett vor allem auch die Insel (erreichbar über Steg vom Strandbad)
Neufelder See	Neufeld	bis zu 22 Meter tief; See in altem Braunkohlebergwerk; klares Wasser; viel Schatten; an heißen Wochenenden jedoch teils völlig überfüllt; DAS Zentrum der Taucher aus dem Einzugsgebiet Wien
Strandbad Neusiedl am See	Neusiedl	großer Jachthafen; nettes Strandbad; Mole West gleich anschließend
Strandbad Podersdorf	Podersdorf	Hotspot am See; längster Strand; mit Topinfrastruktur und Attraktionen für Kinder; direkt im Ort gelegen; Gastronomie; Zentrum der coolen Surfer und Kiter

231

Naturstrand Purbach	Purbach	kleiner Strand; weiter Weg; naturbelassen, aber sehr klein; eigentlich nur eine Bucht
Strandbad Rust	Rust	Kombination aus Freibad mit vielen Attraktionen für Kinder und Strandbad; Strandbad vergleichsweise kurz
Zicksee	St. Andrä	sehr flacher Steppensee; landschaftlich schön; beliebt bei Surfern und ideal für kleine Kinder
Steinbrunner See	Steinbrunn	kleinerer Badesee; viel Schatten; ganz in der Nähe zum Neufelder See
Strandbad Weiden	Weiden	sehr nette, sympathische Anlage

Freibäder gibt es außerdem in Donnerskirchen, Purbach, Oggau, Gols, Eisenstadt, Mannersdorf, Seibersdorf und Au (siehe dazu auch unter „Die Region mit Kindern"). Hallenbäder gibt es in Eisenstadt und Neusiedl.

Museen, Galerien, Skulpturen und Ausstellungen – eine Auswahl

Friedrichshof	außerhalb Mönchhof / Gols; Gutshof	Sammlung Friedrichshof; geprägt von Otto Mühl und Künstlern des Wiener Aktionismus; Galeriebesichtigung gegen tel. Voranmeldung +43 (0)676 7497682 oder +43 (0)660 2509538; auch Hotel und Restaurant
Turmmuseum Breitenbrunn	Breitenbrunn	kleines Museum mit u. a. den Überresten des Windener Höhlenbären; schöne Aussicht vom alten Wehrturm
Weinmuseum	Eisenstadt	Geschichte und Wissenswertes rund um die Weinerzeugung; Schloss Esterházy
Landesmuseum	Eisenstadt	Geschichte des Burgenlandes
Völkerkundliche Ausstellungen	Halbturn	Schloss Halbturn; jährlich wechselnd
Infeld Haus der Kultur	Halbturn	private Kunstsammlung des Musikers und Gitarrensaitenproduzenten Peter Infeld
Nationalparkzentrum	Illmitz	Ausstellungen und Vielzahl an Veranstaltungen rund um die Natur des Nationalparks
Adler Museum	Mannersdorf	Dauerausstellung des Malers Edmund Adler, der den Großteil seines Lebens in Mannersdorf verbrachte, im Schloss Mannersdorf
Dorfmuseum	Mönchhof	beeindruckende Sammlung und originale burgenländische Häuser, die ein ganzes Dorf präsentieren; sicher eines der interessantesten Museen im Seewinkel
Heimatmuseum	Mörbisch	Einblick in traditionelles Haus und Hofgassen
NN Fabrik	Oslip	Skulpturen; Freiluftareal
Windmühle	Podersdorf	funktionierende Windmühle
Kremayrhaus Stadtmuseum Rust	Rust	allein das Haus ist sehenswert; außerdem Kunstgegenstände und Ruster Stadtgeschichte

Sommerein	Sommerein		Arbeitsstätte und Ausstellungsraum der Künstlerin Maria Biljan Bilger in der Kellerzeile von Sommerein
Skulpturenpark St. Margarethen	St. Margarethen		Skulpturen; Freiluftareal
Platz der Freiheit	St. Margarethen / Fertőrákos		an der österreichisch-ungarischen Grenze; weitläufiges Areal mit Infos über den Fall des Eisernen Vorhanges an dieser Stelle, Reste des Grenzzauns, Wachtürme ...
Wander Bertoni	Winden		Skulpturen; Freiluftareal

Ortsindex

Andau .... S. 194
Apetlon .... S. 119
Breitenbrunn .... S. 38
Donnerskirchen .... S. 25
Eisenstadt .... S. 170
Fetörakos / dt. Kroisbach ...... S. 93
Forchtenstein .... S. 60
Frauenkirchen .... S. 159
Gols .... S. 152
Halbturn .... S. 156
Hof am Leithagebirge .... S. 19
Illmitz .... S. 52
Jois .... S. 84
Loretto .... S. 104
Mannersdorf .... S. 188
Mönchdorf .... S. 155
Mörbisch .... S. 90
Neusiedl am See .... S. 108
Oggau .... S. 142
Oslip .... S. 138
Pamhagen .... S. 122
Parndorf .... S. 203
Pischelsdorf / Götzendorf ..... S. 186
Podersdorf .... S. 71
Purbach .... S. 30
Rust .... S. 145
Schützen am Gebirge .... S. 141
Seibersdorf .... S. 185
Sommerein .... S. 188
St. Andrä am Zicksee .... S. 126
St. Margarethen .... S. 135
Tadten .... S. 125
Trautmannsdorf .... S. 187
Wallern .... S. 124
Wasenbruck .... S. 186
Weiden .... S. 68
Winden .... S. 83

Impressum / Fotonachweis

Fotonachweis
©**Grünmann König**: S. 15, 17, 18, 19, 20, 21, 31, 32, 38, 39, 50, 59, 68, 69, 76, 77, 80, 81, 93, 94, 96, 98, 104, 120, 128, 138, 139, 141, 143, 145, 146, 150, 157, 166, 169, 171, 172, 174, 181, 185, 187 links, 191, 193, 196, 197, 198, 203, 205, ©**Burgenland Tourismus**: S. 12/13 (Rudolf Blaim), 37, 45, 47, 52, 63, 66 (Sabine Jellasitz), 107, 108 (Rita Newman), 140, (Lois Lammerhuber: S. 44, 71 links , 90, 116, 172 oben, 194/195) 172 unten (Stefano Lunardi) ©**Sonnenland Mittelburgenland**: S. 86/87 ©**Gemeinde Mannersdorf**: S. 18, 187 rechts, ©**Tourismusverband Donnerskirchen**: S. 42, ©**Weingut Reichardt**: S. 25, 26, 28, ©**Schemitz**: S. 27, ©**Purbach**: S. 30, 31, 33, ©**Gut Purbach**: S. 34, ©**Presshaus Illmitz**: S. 55, ©**Tschida**: S. 56 links, ©**Weingasthof Rosenhof**: S. 56 rechts, ©**Genussquelle**: S. 62, ©**Reptilienpark Forchtenstein**: S. 64, ©**Steve Haider**: S. 72, ©**Weinstube Sloboda**: S. 73 links, ©**Sunset Bar**: S. 73 rechts, ©**Gemeinde Jois**: S. 83, ©**Hillinger**: S. 85, ©**dock-m**: S. 91, ©**casa peiso**: S. 92, ©**Ras-pi**: S. 95 oben, ©**Gemeinde Loretto**: S. 95 unten, 105, ©**Gemeinde Mörbisch**: S. 97, ©**Seefestspiele Mörbisch**: S. 100, ©**Mole West**: S. 110, ©**Villa Vita**: S, 122, ©**Fleischerei Karlo**: S. 123 links, ©**Andert Michael**: S. 123 rechts, ©**Hauzinger**: S. 125, ©**Familypark**: S. 137, ©**Hofgassl**: S. 148, ©**Stekovics**: S. 161, ©**Gemeinde Seibersdorf**: S. 180, 183, ©**McArthurGlen Desingeroutlet**: S. 202, ©**Nationalpark Neusiedler See Seewinkel**: S. 48, 49, 193, ©Gemeinde **Wiesen**: S. 61, ©**NTG/steve.haider.com**: S. 75, 126, 127, 129, 135, 206, 208, ©**NTG** S. 76, 200, ©**NTG Mike Ranz**: S. 77, 79, 82, 88, 119, 152, 153, 156, 192, ©**Opernfestspiele St. Margarten** S. 136, Weinglas: ©MR - Fotolia.com, Kochmütze: ©rcx - Fotolia.com

Impressum
© Verlag Federfrei, Marchtrenk, 2014
Umschlaggestaltung: Stefan Germershausen
Kartografie: ARGE Karthographie
Letkorat: S. Bähr
Printed in EU
ISBN: 978-3-902784-50-6

Tipps und Anregungen senden Sie bitte an:
gruenmann_koenig@gmx.at.